Lektorat: Angelika Andruchowicz

© 2011 Verlag Das Wunderhorn GmbH
Rohrbacher Straße 18
D-69115 Heidelberg
www.wunderhorn.de
2. Auflage
Alle Rechte vorbehalten
Satz: Cyan, Heidelberg
Umschlagfoto: © 2011 Isolde Ohlbaum
Druck: NINO Druck GmbH, Neustadt/Weinstraße
ISBN: 978-3-88423-362-7

Michael Buselmeier

WUNSIEDEL

Theaterroman

Wunderhorn

»Man spricht viel vom Theater, aber wer nicht selbst darauf war, kann sich keine Vorstellung davon machen. Wie völlig diese Menschen mit sich selbst unbekannt sind, wie sie ihr Geschäft ohne Nachdenken treiben, wie ihre Anforderungen ohne Grenzen sind, davon hat man keinen Begriff.«

(Johann Wolfgang Goethe, »Wilhelm Meisters Lehrjahre«)

»Mir ist in meiner eignen Haut nimmer wohl. Ich will mir weismachen, dass ich sie abstreife, indem ich von mir tue, was bisher unzertrennlich von meinem Wesen schien, vor allem den Theaterrock.«

(Eduard Mörike, »Maler Nolten«)

I

Vierundvierzig Jahre oder ein Tag sind vergangen, seit ich – ein unerfahrener junger Mensch – den Bummelzug bestieg, der mich über Würzburg, Nürnberg und Bayreuth in die oberfränkische Kleinstadt Wunsiedel bringen sollte, damals eine etwa achtstündige Reise ins Unbekannte. Ich war aufgeregt, denn noch nie war ich längere Zeit allein von zu Hause fort gewesen. Aus dem Zugfenster sah ich die Mutter mit Tränen in den Augen am Bahnsteig stehen, im Davonfahren kleiner und kleiner werdend. Sie winkte mir mit der einen Hand, während sie mit der anderen den Dakkelhund wie zum Trost an sich drückte.

Es war ein Hochsommertag des Jahres 1964, hellstes Juniwetter, doch ich fühlte mich, als der Zug endlich abfuhr, alles andere als befreit. Ich war todtraurig, sobald ich das Neckartal hinter mir wusste. Am liebsten wäre ich sofort wieder umgekehrt. Ich versuchte mich auf die Sportseite der Lokalzeitung zu konzentrieren, aber die Buchstaben verschwammen mir vor den Augen und die Gedanken schweiften zurück. Eine kleinteilige Landschaft, hügelig und etwas bizarr, rüttelte im Fensterausschnitt vorbei, ein Flickenteppich aus Wiesen, Weizenfeldern, Waldstücken und vereinzelten Bauernhöfen. Birnen- und Apfelbäume am Feldrand, die Früchte blinkten wie gelbrote Lampions. Manchmal wuchsen die Bäume so dicht an den Bahndamm heran, dass es schien, als würden sie erst im letzten Moment vor der Lokomotive zur Seite weichen. Wenn der Zug langsam fuhr, konnte ich in die Täler, die

Straßen der Ortschaften und selbst in einzelne Häuser hinein-
schauen. Ein weißes Kruzifix, ein Bildstock, flatternde Wäsche.
Ein ganz mit Wein überwachsenes Bahnwärterhaus. Ein Sägewerk,
ein Kalkwerk in einem versteckten Tal. Auf einem Grasweg eine
alte Frau, die mit einem Stecken auf eine weiße Ziege einschlug;
sie trug ein weißes Kopftuch, auch die Strümpfe weiß und die
Beine dünn und krumm unter den Röcken. Andere Frauen auf
Äckern über die Ernte gebückt oder im Hausgarten harkend,
wieder andere in Kittelschürzen, vielleicht Arbeiterinnen einer
nahen Zigarrenfabrik, redend und lachend vor einem ländlichen
Bahnhof. Schon Feierabend in Franken… Eine Spatzenversamm-
lung huschte wie trockenes Laub über den Erdboden, als sei ein
Windstoß dreingefahren. Wohin denn unterwegs all die Vögel,
die Frauen mit ihren Einkaufstaschen; die fränkischen Bauern-
häuser am Wegrand, ernst auf den Abend zu mit immer längeren
Schatten, Männer auf Fahrrädern oder zu Fuß, mit Körben und
Werkzeugen beladen, auch die Alten mit glänzenden Milchkannen
auf dem Heimweg, Kinder barfuß im Hof hockend zwischen
Hühnern und Hunden.

Der dort Zeitung lesend am Fenster des ratternden Bummelzugs
kauert, allein im Abteil, und gelegentlich zerstreut in die Landschaft hinausschaut, von der Scheibe gespiegelt, unbehaglich, mit
flauem Magengefühl der Fremde entgegen, bin ich, soll ich sein,
Moritz Schoppe, Student. Das Land draußen in Schwingung, so
nach allen Seiten gebuckelt schaut es mich an, felsig, mit Sonnenflecken. Meine Haut ist glatt, mein schulterlanges Haar dicht und
braun. Ich trage blaue Jeans und eine verschossene braune Wild-
lederjacke, von der ich mich nicht trennen kann, bin ein junger
Hund noch, ein Niemand, schlank und drahtig, mit einem über-
vollen Koffer im Gepäcknetz und einer Reisetasche auf dem abgewetzten, nach erhitztem Kunststoff riechenden Nebensitz. Ein

erst kürzlich dem Universitätsstudium entlaufener Schauspieler auf dem Weg in sein erstes richtiges Engagement.

Vor geraumer Zeit habe ich die Bühnenreifeprüfung als Jugendlicher Held und Liebhaber bestanden, wobei ich vor einer mir eher theaterbürokratisch als wirklich kompetent erscheinenden Kommission ein paar Monologe der klassischen Weltliteratur mit rasantem Schwung aufsagte, hochpathetisch, in einem Atem und fast auf einem Ton. Ich deklamierte Szenen des Romeo, des Don Carlos, des Mortimer wie Arien, ich sang sie beinahe und war stets froh, wenn das Ende erreicht war. Auf der Schauspielschule war unsere kleine Schar zur Identifikation mit der Rolle angehalten worden. Wir sollten uns in Demut, jeder für sich, in die zu spielenden Figuren und deren hehre Gefühle einschmiegen, gleichsam in ihr Inneres eintauchen, was mir nicht recht gelang. Ich fühlte mich in den meisten Rollenhäuten unwohl, wie nicht zu Hause; so sehr ich mich auch abmühte und aufplusterte, sie waren und blieben mir viel zu groß. Vielleicht wäre es mir angemessener gewesen, einen alltäglichen Einstieg zu suchen, einen Zugang über die eigene Erfahrung, da mir der hohe Ton kalt und fremd blieb. Es war mir peinlich, auf Kommando dieser heroische Brüllaffe zu sein oder jener sabbernd Verliebte. Ich konnte mich nicht so ungeschützt vor aller Augen entblößen, wollte den schlechten Atem meiner Julia nicht riechen, den Speichel König Philipps nicht abkriegen, mied folglich die körperliche Nähe so gut es ging. Moderne, intellektuell und ironisch gebrochene Rollen lagen mir mehr; mein jungenhafter Charme half mir dann über die schroffsten Abgründe im Text hinweg, auch die Neigung zur Selbstdarstellung erwies sich als nützlich. Doch meistens wirkte ich nervös und unsicher; mir fehlte es an öffentlicher Hingabe wie an nachplappernder Einfalt. Ich war nicht souverän genug, meine Gefühle auf der Bühne zu gestalten oder mich gar, wie die wirklichen Könner, von einem Augenblick zum andern in ein völlig anderes

Wesen zu verwandeln, das alle erschreckte oder bezauberte. Ich wollte schon auffallen und – vom Beifall der Menge umtost – im Mittelpunkt stehen, aber ich wusste nicht recht, wie ich es angehen sollte.

Ich spielte nun, neben dem Germanistikstudium, am Studententheater zwar tragende, am Stadttheater jedoch ganz unbedeutende Rollen, die man kaum als Nebenrollen bezeichnen konnte, sogenannte Wurzen in Schauspielen und Operetten, mal drei, mal sogar sieben Dienersätze, von einer Verbeugung oder einem Kratzfuß begleitet, etwa »Hier kommt mein Herr, der Graf von Mordax!« oder »Durchlaucht, die Briefchristel wartet im Vorzimmer!« Ich war nicht mehr als ein besserer Statist, der die Aufgabe hatte, Botschaften zu überreichen oder Meldung zu machen, eine Knechtsgestalt in Uniform, die mal von rechts, mal von links aus der Gasse trat, den einen erlaubten Satz aufsagte, naturgemäß übereifrig, mit allzu viel Nachdruck, mitunter hastig ein Wort verschluckend, und wieder in den Kulissen verschwand wie ein Schatten, bevor sich irgendein Zuschauer für mich interessieren konnte. Noch die betörenden Operetten-Melodien im Ohr, nicht zu vertreiben die verzückten Blicke und überpuderten Lügen, die gespielt holprigen oder übertrieben eleganten Auftritte der Sänger, ihre beim Singen schiefen Münder und verdrehten Augen, ihre steifen Perücken und Gesten, ihre falschen Zähne, ihr Gurren und Schnurren im Walzerschritt, Seidenkostüme, auf die der Schweiß tropfte, die ewige Sonntags- und Lächelfassade des Chors. Was hätte ich dafür gegeben, einmal den Tamino, den Rodolfo, den Lohengrin zu singen. Um ein Haar hätte ich den Romeo an der Seite der schönen, später mit Giorgio Strehler verbundenen Andrea Jonasson verkörpert, doch eine Intrige, die meine angeblich hypertrophe Arroganz ins Feld führte, fuhr dazwischen und verhinderte meinen Triumph. So war der Prinz vom Blumenland in dem Märchenspiel »Dornröschen«, den ich im Winter 1963 übernahm, meine vorerst einzige Hauptrolle im Berufstheater. Es war deprimierend.

Ich schickte Bewerbungen an fast alle größeren Bühnen, an die bekannteren Theaterleiter und Regisseure, und erhielt entweder gar keine Antwort oder gedruckte Absagen, die ich als demütigend empfand, »leider haben wir in unserem Hause keine Möglichkeit.« Manchmal erreichten mich auch persönlich unterzeichnete Briefe, deren Verfasser ihr Bedauern ausdrückten, mich im Moment nicht engagieren zu können, gleichwohl vorgaben, mich »interessant« zu finden und »sobald wie möglich« kennen lernen zu wollen, falls ich einmal in ihrer Nähe wäre. Ich habe dieses unverbindliche Angebot, das tatsächlich nur eine elegantere Form der Absage war, nie ernst genommen und nie einen dieser Bühnenfürsten, selbst wenn ich in München, Stuttgart oder Frankfurt war und gerade ihr Theater umkreiste, angerufen, aus Scham und Scheu, aber auch, um nicht mitgeteilt zu bekommen, dass der Herr Intendant gerade nicht zu sprechen sei, ich es jedoch nächstens wieder versuchen könne. Man vertröstete mich auf die kommenden Wochen, Monate, Jahre, wo sich vielleicht eine Vakanz für einen Regieassistenten mit Spielverpflichtung ergeben könnte. Allerdings müsse man mir mitteilen, dass man bereits einen Volontär im Auge habe, der sich seit einiger Zeit um »das Wohlwollen der Kollegen« bemühe...

Ein paar Mal wurde ich sogar offiziell zum Vorsprechen gebeten, bei Karl Heinz Stroux in Düsseldorf, bei Harry Buckwitz in Frankfurt, bei Hans-Peter Doll in Heidelberg und Kurt Meisel in München, doch in jedem Fall hatte man eigentlich, wie ich rasch merkte, gar nicht mich, sondern einen gänzlich anderen erwartet, einen reiferen Helden, einen blonderen Liebhaber, einen weltzugewandten Charmeur; keinen schüchternen Anfänger jedenfalls, vielmehr einen fertigen Darsteller, der sich im Bühnengewühl zur Not auch allein zurechtfand, und konnte mit meiner Verhuschtheit nichts anfangen. Man sah mich nur oberflächlich an und durchschaute sofort alle meine Schwächen. Ich fühlte mich wie im Examen und war auf den grell angestrahlten Brettern der Probebühne vom ersten Satz, ja vom ersten Ton an verloren. Überhaupt die Bühne zu betreten, war ein Fehler gewesen. Obwohl ich Schweiß absonderte, fror ich im Verhörlicht. Mein Körper erstarrte, meine Rollen und deren Texte waren mir noch fremder als sonst und zerbröselten, die Sätze zerfielen in der Luft, ohne die Rampe zu überwinden. Meine Stimme klang blechern, gequetscht, als ob ein mir Unbekannter um Hilfe schrie.

Ich mimte fortan die kühnen und mehr noch die traurigen Liebhaber in meinem Kopftheater, rezitierte bei Waldspaziergängen, die Bäume als Gegenüber, im Kohlenkeller und in meiner Kammer vor dem Spiegelglas die Monologe der am Dasein leidenden Helden. Ich malte mir aus, wie eindrucksvoll es wäre, mich am Ende der Premiere von »Viel Lärm um nichts« vom Schnürboden auf die Szene hinabzustürzen und vor aller Augen im Rampenlicht zu sterben, das eigentlich für andere, glücklichere Mimen bestimmt war und nur für sie leuchtete – ein letzter Triumph. Noch heute wache ich manchmal auf, und während ich meinen Schreien nachhöre, weiß ich schon, ich habe wieder vom Theater geträumt: Vorsprechen am Sonntagmorgen in den bunten Kulissen von »Madame Pompadour«, der Intendant flüstert mit den Dramaturgen im Zuschauerraum, indes ich mich oben am Schlussmonolog des Karl Moor noch abmühe, ein schwarzes Loch, man tuschelt offenbar über mich und mein Versagen, man weiß ja längst bescheid und hört mir gar nicht mehr zu. Jemand fragt aus der Tiefe, *ob ich denn unbedingt zum Theater müsse...* Ein andermal stehe ich auf der Bühne und habe meinen Text vergessen. Ich schnipse überlaut mit den Fingern, aber er will mir nicht einfallen. Ich bin wie vereist, ich bringe keinen Vers hervor. Die Zuschauer schütteln die Köpfe, scharren mit den Füßen, rascheln mit den Programmheften, und die Souffleuse schläft natürlich wieder einmal, oder sie ist betrunken, oder sie stellt sich tot in ihrem Kasten… Dann wieder eile ich über Treppen, durch Flure und weit verzweigte Gänge der Unterbühne zu meinem Auftritt, halte gelegentlich witternd inne, weil ich mich verlaufen habe und den Weg nach oben nicht kenne. Schließlich hetze ich weiter, obwohl ich weiß, dass ich meinen Auftritt versäumen werde, es ist ja schon über die Zeit. Ich reiße eine Eisentür auf, die vorgibt, »zur Bühne« zu führen, und Abwasser schießt mir entgegen, stinkende Kanalbrühe.

Einmal war ich fast schon engagiert. Mit dem zukünftigen Intendanten des weithin als experimentierfreudig gerühmten Ulmer Stadttheaters, Detlof Krüger, war ich so gut wie einig, und es schien nicht viel mehr als eine Formalie zu sein, dass mich auch sein designierter Oberspielleiter, der noch im Ruhrgebiet tätig war, vor Vertragsabschluß kennen lernen sollte. Ich reiste also nach Oberhausen, doch Axel Corti, nicht irgendwer, vielmehr ein besonders begabter Wiener Regisseur ganz am Anfang seiner Laufbahn, die ihn zu Film und Fernsehen führte, war auf mein Kommen nicht vorbereitet worden, oder er hatte mich einfach vergessen. Jedenfalls sah er mich kühl, halb irritiert, halb unwirsch an, als ich – während er mit seiner Frau zu Mittag aß – vor seiner Wohnungstür stand, da ich ihn im Theater nicht angetroffen hatte. Es blieb mir nichts anderes übrig, als hungrig in seinen grauen Volkswagen zu steigen und ihn, durch Schwaden von Kohlenstaub, in das ebenso von Ruß graue Wuppertal zu begleiten, wo er einen Termin mit einem Bühnenbildner hatte. Während der Hin- und Rückfahrt unterhielten wir uns immer lebhafter, und ich – in der Annahme, in dieser Theater-Ödnis endlich einen Gleichgestimmten, sogar einen wirklichen Künstler und Geistesmenschen gefunden zu haben, der mich verstand – äußerte mich so freisinnig wie nur möglich über das Theater und die übrige Welt. Ich erhob mich ironisch über die meiner Ansicht nach vielerorts nur noch gedankenlosen und schlampigen Bühnenverhältnisse, fällte über einzelne Regisseure und die Halbherzigkeit ihrer Arbeiten vernichtende Urteile und redete mich so, ohne es recht zu bemerken, gleichsam um Kopf und Kragen. Denn bald darauf kam aus Ulm die Absage. Ich sei Herrn Corti, hieß es unumwunden, zu arrogant gewesen; er könne und wolle nicht mit mir arbeiten. Beim Lesen der Botschaft wurde mir schwarz vor den Augen. Zusammengesunken, mit schweren Gliedern, saß ich am Fenster, und während sich draußen Regenwolken auf die Novemberberge senkten, wünschte ich, all dem ein rasches Ende zu bereiten.

So viele Jahre danach und fern vom Theater, das auch nicht mehr dasselbe ist, sondern auf eine ganz andere, weniger biedere als schräge und grelle, ja dreiste Unterhaltungsweise verkommen und fast eine Dependance des Privatfernsehens, frage ich mich manchmal, ob mein Verhalten im Auto, durch die räumliche Nähe befördert, mit Wörtern wie »töricht«, »unbedacht«, »undiplomatisch« angemessen beschrieben wird. Zwar ist unbestreitbar, dass Axel Corti mich, sein Einverständnis vortäuschend, in Sicherheit wiegte und so erst dazu brachte, alle Bedenken zurückzustellen und meine Aversionen gegen den Kleingeist und die Abgeschmacktheit der Theatermacher auszuplaudern. Ich sprudelte über, gab vollmundig den Satiriker, redete wie im Rausch – welcher Regisseur mag so einen Besserwisser für längere Zeit um sich haben, im Bewusstsein, von ihm beobachtet, ja belauert zu werden? Doch tiefer, inwendig, wusste ich damals genau, was ich sagte und tat. Ich hörte mir beim Reden zu und registrierte durchaus, wie ich Satz um Satz meine Ulmer Chancen verspielte, indem ich mich zu immer schrilleren Urteilen verstieg. Ich vermute sogar, dass ich es insgeheim darauf angelegt hatte, von Corti abgelehnt zu werden, um mich anschließend über dessen Hinterhältigkeit zu beklagen und vor mir selbst und der Welt den Gekränkten zu mimen. Denn ich war ja zum Teil auch erleichtert, nun doch nicht nach so trüben Orten wie Wuppertal, Duisburg, Oberhausen ziehen zu müssen, ständig unter den kühlen Blicken dieses ganz unösterreichisch wirkenden Regisseurs, der vermutlich nur eine bescheidene Hilfskraft suchte, sondern weiter in vertrauter Umgebung an meinem Schreibtisch, bei meinen Büchern und vor allem bei meiner Mutter bleiben zu können, ohne die ich mir mein Leben nicht vorstellen konnte.

Im November 1963, unmittelbar nach meinem Vorsprechen im Nationaltheater Mannheim, trat ein älterer Herr namens Friedrich Siems im Bühnenfoyer auf mich zu. Zuletzt Oberspielleiter in Köln, wie ich bald erfuhr, galt Siems als literarisch engagierter Regisseur, Förderer junger Talente und Freund des Schriftstellers Mattias Braun, der gerade mit seinen Nachdichtungen antiker Dramen – »Die Troerinnen«, »Medea«, »Die Perser« – ziemlich erfolgreich war. Ich war unzufrieden mit mir, erschöpft vom Vorsprechen und wie immer nach solchen Auftritten noch etwas blind und taumelig. Doch Friedrich Siems, der einen beigen Cordsamtanzug trug und auf mich eher wie ein kluger alter Maler als wie ein Theatermensch wirkte, gab sich angetan. Er sehe in mir, behauptete er in beschwörendem Ton, einen »Nervenschauspieler« und interessanten Charakter, einen verständlicherweise unruhigen jungen Künstler mit ganz eigenen Vorstellungen und der seltenen Fähigkeit der Selbstkritik, und verpflichtete mich, ehe ich mich in meiner Benommenheit versah, als »denkenden Schauspieler« und Regie-Assistenten für die Luisenburg-Festspiele im kommenden Jahr nach Wunsiedel – ein märchenhaft klingender Ort, der mir bis dahin nur als Geburtsstadt eines mir lieben Dichters, Jean Paul, sowie des weltberühmten Kotzebue-Attentäters Carl Ludwig Sand bekannt war. Wunsiedel, ein Sommertheater unter freiem Himmel, fernab in der oberfränkischen Provinz... Ich war und blieb misstrauisch, wollte mich lieber dem Ruf entziehen und Siems absagen, doch er versicherte mir, er glaube an mich und meine Begabung und übertrug mir zugleich, auch um mich geistig näher kennen zu lernen, wie er sagte, eine Aufgabe, die mich nicht wenig stolz machte, weil er mich als Literaten ernst zu nehmen schien und mir vertraute. Ich sollte für die dortige Freilichtbühne den »Götz von Berlichingen« bearbeiten.

Ich machte mich sogleich mit den verschiedenen Fassungen von Goethes kühn wucherndem Jugendwerk vertraut, um daraus eine eigene, möglichst strenge und nüchterne Version herzustellen, die ich allein für modern und zeitgemäß hielt. Ich bemühte mich also, das Geschehen auf den redlichen Helden selbst und die ihm feindselig gesinnte Gegenwelt des Bamberger Hofes zu konzentrieren, an der er letztlich scheitert (» Die Nichtswürdigen werden regieren mit List, und der Edle wird in ihre Netze fallen.«), und das folkloristische Episodenwerk auch sprachlich so weit wie möglich zu beschneiden, all die kernigen Sätze der Säufer und die kindische Lust am Prügeln und Hänseln, aufständische Bauern, Ratsherrn, Soldaten auf der Flucht, darunter ein Deserteur, der im Moor versinkt, die raunenden Richter der Feme mit Schwert und Strang unter ihren Kapuzen und die Zaubersprüche murmelnden Zigeuner in einem wilden verregneten Wald. Dabei verringerte ich die Anzahl der Szenen fast um die Hälfte, wodurch etwa zwei Fünftel des Textes wegfielen. Ich war zufrieden mit meiner verknappten, gelichteten, deutlich gegliederten Neufassung, die das ehrwürdige Sturm-und-Drang-Stück in eine Art Klammer schloss: Götz sprach den ersten wie den letzten Satz, und beide huldigten der Freiheit. Dramaturgische Konsequenz war meinem Bemühen jedenfalls nicht abzusprechen.

Als ich gerade dabei war, das fertige Manuskript abzuschicken, entdeckte ich zufällig eine schon mehrere Tage alte Zeitungsnotiz, der zufolge mein Entdecker, der Regisseur und Intendant Friedrich

Siems, in Tübingen während der Proben zu »Hamlet« an einem Herzinfarkt gestorben war. Das darunter abgedruckte Porträtfoto zeigte einen ernsten, entsagungsvoll, ja leidend dreinblickenden Herrn mit Stirnglatze und Monokel, der ganz anders aussah, als ich ihn in Erinnerung hatte, so dass ich einen Moment überlegte, ob eine Verwechslung vorlag. Ich hielt zwar eine Art Vorvertrag in Briefform, meine Tätigkeit als Schauspieler und Assistent in Wunsiedel betreffend, in Händen, hatte aber meinen Gönner eingebüßt, einen gütigen Lehrmeister und möglichen Ratgeber im weichen Malerjackett, einen Hoffnungsmacher, dessen ich in meiner Unsicherheit und Schwäche so sehr bedurft hätte, und stand erneut verlassen und noch verlorener als vorher da.

Doch wie bereits öfter, wie eigentlich fast immer, wenn es mir übel ergangen war und ich schon verzweifeln wollte, das Rasiermesser gezückt, raffte ich mich wieder auf. Ich sprach mir Mut zu, ich besaß ja schließlich den von Friedrich Siems noch am letzten Tag seines Lebens unterschriebenen Briefvertrag, den auch sein Nachfolger, als welcher schon bald ein im Ruhrgebiet tätiger Intendant namens Christian Mettin genannt wurde, einhalten musste. Hatte nicht einer von Siems´ letzten Gedanken mir, dem jungen »Nervenschauspieler«, meinem spröden Talent und meinem Fortkommen gegolten? War es nicht eine Art Vermächtnis, das ich mit mir trug? Ich durfte jetzt nicht aufgeben, mich nicht beiseite drücken, wie ich es so gern getan hätte. Ich stand im Wort. Außerdem hatte ich mir einige Mühe mit dem »Götz von Berlichingen« gemacht, ohne Vertrag und ohne Absprache über ein Honorar zwar, auf eigenes Risiko fraglos, und war nun begierig zu erfahren, wie sich die Dinge am Ort entwickeln würden. War nicht jeder Schritt von zu Hause fort auch einer, der mich in einer etwas ausgedehnten Zeitschleife, auf Umwegen wieder zurückführte zur Mutter? War ich so betrachtet nicht ständig auf dem Heimweg, wohin ich auch ging?

So überwand ich meine Lebensfurcht und begab mich am Morgen des 9. Juni erwartungsvoll, wenn auch ängstlich, mit Magenschmerzen und Herzflattern, auf einen Weg, der mich über Würzburg, Nürnberg und Bayreuth nach Wunsiedel führen sollte. Es war höchste Zeit, denn schon am nächsten Tag sollten die Proben zum »Götz«, meinem »Götz« wie ich hoffte, auf der Luisenburg beginnen. Der Schaffner, mit dem ich die Strecke bis Würzburg zurücklegte, hatte den Ortsnamen Wunsiedel noch nie gehört, bot sich aber an, ihn auf der Karte zu suchen. Er sprach die erste Silbe eigentümlich gedehnt aus, dass sie mal wie *Wund*siedel, mal wie *Wohn*siedel klang, wobei er mit Fahrplänen und Landkarten raschelte. Was ein junger Mensch wie ich, sichtbar kein Kurgast, in einem so abgelegenen Städtchen wohl suchen könne, murmelte er, im Fichtelgebirge bei Fuchs und Hase, hart an der tschechischen wie an der ostdeutschen Feindesgrenze... Wunsiedel, da liegt es ja, rief der Schaffner und deutete auf seine Karte – ein schmaler Marktflecken, von Wiesen und Kornfeldern umgürtet, etwas abseits Granitfelsen und Fichten, zu einer gigantischen Naturbühne wild übereinander getürmt, Rebhühner im Brachland und Unken im Wald und die dunklen, stets offenen Augen der Teiche.

Ich gab mich dem gleichförmigen Rattern des Zuges hin, der sich auf den Abend zu langsam dem Zielort zu nähern schien. Durch die halb offene Abteiltür bemerkte ich bald hinter Bayreuth im Gang einen jungen, modisch gekleideten Menschen mit gewelltem, schwarz glänzendem Haar und geziertem Gehabe, der wohl erst kürzlich zugestiegen war. Er blickte, auffällig sich vorbeugend, in jedes Abteil, auch in das meine, schüttelte leicht den Kopf, näherte sich sodann federnden Schritts einem älteren, gutmütig dreinblickenden Mann, der rauchend am Fenster lehnte, und fragte mit trainierter Stimme: Haben wir vielleicht dasselbe Ziel? Sind Sie auch ein Kollege? Ich war irritiert, als der andere nickte (ganz unabhängig davon, dass ich schon damals das Wort Kollege verabscheute wie kaum ein anderes), ja ich fühlte mich missachtet und zurückgesetzt. Warum sprach dieser junge Mann, allem Anschein nach ein Schauspieler, fast das Klischee eines Schauspielers, nicht etwa mich, den nahezu Gleichaltrigen, auf das gemeinsame Ziel hin an, sondern diesen rundlichen Herrn, der so gar nicht wie ein Schauspieler aussah, eher wie ein kleiner Angestellter mit Ärmelschonern? Doch nicht in mir oder irgendeinem anderen Fahrgast, sondern speziell in ihm schien er den Theatermenschen zu wittern, die Rampensau, als hing ihm der Geruch von Schminke, Schweiß und Knochenleim in den Kleidern und Haaren, als klebten ihm noch Reste der Clowns-Maske im Gesicht. Bald waren die beiden in ein Gespräch über die jüngsten Kantinengerüchte an den Landesbühnen Memmingen beziehungsweise Paderborn vertieft (der Ältere hatte hier erst kürzlich den König Philipp gegeben, der Jüngere dort im letzten Jahr mit viel Beifall den Don Carlos gespielt), sie schwadronierten ganz unbekümmert, lachten schallend und nahmen von mir im mittlerweile fast leeren Waggon nicht die geringste Notiz. Als Schauspieler jedenfalls, als »Kollege« schien ich für sie, obwohl ich meine Haare lang und eine ausgeblichene Lederjacke trug, nicht in Frage zu kommen und daher gar nicht vorhanden zu sein. Auch in meiner angemaßten Rolle als dramatischer Dichter oder wenigstens Bearbeiter war ich enttäuscht. Von mir stammte schließlich die überlegte Neufassung des »Götz von Berlichingen«, in der diese beiden Achtlosen mitwirken sollten, wenn auch nur ganz am Rand.

II

Als der Bummelzug in Wunsiedel einfuhr, stockend, mit quietschenden Bremsen, war es fast Abend geworden, und die Schatten
wurden länger. Zögernd schälte ich mich als Letzter aus dem
Waggon. Türen schlugen; aus dem Lautsprecher kam eine gebellte
Ansage im oberfränkischen Dialekt, die mir unverständlich blieb.
Die kleine Station verfügte nur über zwei Bahnsteige, doch das
stattliche Bahnhofsgebäude, spätklassizistisch hell und von qua-
dratischem Grundriss, war mit einem Dachreiter, einer großen
Normaluhr mit römischen Ziffern und rundum mit einem gläser-
nen Vordach versehen. Eine Zeitlang stand ich, nachdem ich die
Schalterhalle durchquert hatte und die Schwingtür nachwippend
hinter mir zugefallen war, vor dem Gebäude und blickte, über
das runde Becken eines Springbrunnens hinweg, die von Ulmen
gesäumte Bahnhofstraße entlang, die zunächst elegant abfiel, um
schließlich weit hinten, am Ende der bewohnten Welt, so schien es,
wieder anzusteigen. Einladend wie ein Hohlweg, fast einschmei-
chelnd kam mir diese Abwärtsbewegung vor, die den am Bahnhof
Eintreffenden, an gediegenen Gast-, Wohn- und Geschäftshäusern
vorbei, gleichsam in die innere Stadt hineinzog, wogegen man
sich so gut wie gar nicht wehren konnte, und dann schnurgerade
weiter nach Süden führte, den bereits dunklen Anhöhen des
Fichtelgebirges entgegen, über dem sich ein paar Wolken türmten.

Ein Montagabend im Juni, kurz vor 18 Uhr. Warm und würzig
die Luft und gut nach Heu riechend, ein leuchtender Vorabend,

längst nicht so schwül, wie ich es von zu Hause gewohnt war; sogar leicht windig. Noch lag das Licht so hell auf dem Asphalt der Bahnhofstraße, den Hausdächern und dem Wasserbecken, dass es mich blendete, und alles war wie in Grün getaucht. Die Passanten, unter ihnen die gerade eingetroffenen Reisenden, zumeist mit kleinem Tagesgepäck, strebten ohne besondere Eile, hier und da innehaltend, dem Stadtkern zu. Ich sah ihnen nach, als wollte ich mir jeden von ihnen einprägen für immer, ihr Hinken, Hüpfen, Lachen. Waren sie am Ende alle vom Theater? Auch die beiden Schauspieler, die einander im Zug an ihrem Geruch oder ihrem Gebaren erkannt hatten, gingen in lebhaftem Gespräch die Straße hinunter, ab und zu das Gepäck absetzend, um effektvoller gestikulieren zu können. Offenbar war ihnen der Weg zum Informationsbüro im Rathaus schon von einem früheren Engagement her vertraut. Sie sahen jetzt wirklich wie zwei Provinzmimen aus, die für eine bescheidene Summe Geldes auch die kleinste Rolle im Feriengebiet annahmen, und ich folgte ihnen mit einem gewissen Abstand über die Maximilianstraße zum Marktplatz, am fahnengeschmückten Hotel »Kronprinz von Bayern«, dem ersten Haus am Platze vorbei, wo ich sie aus den Augen verlor.

Ich war nicht viel über zwanzig und noch nie zehn ganze Wochen von zu Hause entfernt gewesen, nur einmal als Kind für etwa sechs Monate im Heim – doch die Monate im Heim zählten dreifach. Nahe am Bahnhof das Wirtshaus »Zum grünen Baum« mit einem großen Biergarten; da blieb ich zum ersten Mal stehen. Im Schatten dichter Kastanienbäume saßen Familien bei Bratwurst mit Kraut und Kartoffelsalat oder Schweinebraten mit Klößen, meinem Lieblingsessen. Alle Fenster waren offen, die Türen auch, sowohl die zur Straße als auch die zum Garten, und die Kellnerinnen eilten ständig ein und aus, mit Bierkrügen und Tellern beladen. Girlanden, Lampions über den Köpfen. Die Kinder saugten Bluna aus bunten Plastikröhrchen, spielten Nachspringen und Versteck um die Tische herum, neckten die Hunde. Kläffen; Gelächter, Geheul. Die nahe am Zaun tätige Kellnerin – schwarzer Rock, schwarzer Pullover, weißes Schürzchen mit Spitzenbesatz und die Fülle des dunklen Haars hochgesteckt – kam mir anziehend vor, die grauen Augen kühl und flüchtig, fast abweisend auf mich gerichtet. Ich stand befangen am Lattenzaun und starrte sie an, die Koffer, zwei folgsame Hunde, bei Fuß.

Vierundvierzig Jahre danach erscheint mir der Ortseingang fremd. Auf den ersten Blick kaum wiedererkennbar die Gegend, Ecken und Winkel verödet. Der Durchgangsverkehr dröhnt. Das Wirtshaus »Zum grünen Baum« ist verdunkelt, der Garten menschenleer, das Blätterdach gelichtet. Selbst die Wurstbude am Zaun ist geschlossen. Und der Bahnhof verrottet bei zugenagelten Türen, die Fenster blind oder eingeschlagen. Drinnen im Wartesaal Abfälle, ein verrosteter Ofen, Taubengeflatter. Wo ist der einladende Springbrunnen aus hellem Stein geblieben, die runde Normaluhr, das zierliche Glasvordach? Überall Spuren der Zerstörung, eine Trostlosigkeit, auf die ich nicht eingestellt bin. Gen Osten ein riesiger, völlig leerer Busparkplatz, auf dem ich soeben eingetroffen bin – der einzige Fahrgast, der den aus Marktredwitz kommenden Omnibus verließ. Ich mache ein paar ziellose Schritte dahin und dorthin, studiere verschiedene Fahrpläne, ohne sie zu verstehen. Ich kann mich hier nicht mehr zurechtfinden. Spreche endlich eine ältere Frau an, die ihren Hund über den Platz zerrt. Wo bitte bin ich gelandet? Vor mindestens zwanzig Jahren schon oder auch dreißig, sagt sie, wurde die Eisenbahnstrecke stillgelegt, das müssens doch wissen. Man habe die Schienen, Schranken, Schuppen und Wärterhäuschen beseitigt und diesen selbst für München zu großen Busparkplatz angelegt. Seither sei Wunsiedel von der Außenwelt mehr oder weniger abgeschnitten und liege »hinter den Bergen«. Die früher belebte Bahnhofstraße sei in

Sechsämterlandstraße umgetauft worden. Es fehle an Reisenden, an Passanten und Kunden, die meisten Läden stünden leer, und die jungen Leute zögen fort, so die Frau zu mir, schon im Gehen. Nur die Bahnschwellen liegen noch immer gestapelt dort im Gestrüpp, mit wildem Wein überwachsen, von Käfern, Vögeln und Igeln bewohnt.

Als ich verspätet im Rathaus ankam – ich hatte mich im Bestreben, mir den Ort sogleich einzuprägen, ein wenig verlaufen – waren alle Künstler bereits mit Zimmern versorgt und auf die entsprechenden Privatadressen verteilt worden, während die Angestellten im Aufbruch waren. Man hatte offenbar mit meinem Eintreffen nicht mehr gerechnet, ja man hatte mich schon abgeschrieben und schien sogar erwogen zu haben, mich von der Liste für das künstlerische Personal zu streichen, um ein zusätzliches Zimmer zu gewinnen. Nach einigen Telefongesprächen bekam ich doch noch eines in einem Neubauviertel zugewiesen. Schönlinder Weg 8 bei Seifert stand auf dem Zettel, den man mir nebst einer Wegbeschreibung in die Hand drückte; ein bescheidenes Einfamilienhaus jenseits der Bahnlinie, hieß es, zweistöckig, hell gestrichen, vom Markt aus zu Fuß in zehn Minuten erreichbar.

Die Wirtin, die mir öffnete, war eine unbestimmt lächelnde Landfrau, rötlich-blond, mit hellen Wimpern und roten Wangen. Sie verlangte fünf Mark pro Nacht fürs Dachkämmerchen, doch ich gestand ihr nicht mehr als drei Mark zu und dabei blieb es. Soviel kostete ein einfaches Mittagessen in der »Eisernen Hand« in der Breiten Straße, und das Briefporto betrug zwanzig Pfennig. Die Wirtsleute erwiesen sich in den folgenden Wochen als äußerst zurückhaltend, von anonymer Höflichkeit, wortkarg, ja schweigsam, die geborenen Randfiguren. Ich erinnere mich nicht, je einen persönlichen Satz mit ihnen gewechselt zu haben, obwohl ich es nicht ungern getan hätte. Oder bekam ich doch manchmal etwas vom Sonntagskuchen ab (mal Apfel mit Streusel-, mal Erdbeer-, mal Linzerschnitten), von ein paar unverbindlichen Worten begleitet, wenn ich ihr peinlich sauberes Wohnzimmer betrat, um die Miete zu bezahlen? Jedenfalls hielten sie streng auf Distanz, ja ich hatte den Eindruck, sie verloren mich, sobald ich ihr Haus verlassen hatte, sofort aus dem Gedächtnis, so unwichtig war ich für sie.

Welche Geräusche vernahm ich in meiner Dachkammer am Schönlinder Weg, abgesehen vom Knarren der Treppe und vom Rauschen der Wasserrohre am Waschtag? Das schrille Warngebimmel vom Wärterhaus her, kurz bevor die nahe Bahnschranke sich senkte; den täglich mehrmals an meinem Fenster Richtung Holenbrunn vorbei ruckenden Bummelzug, der nur stockend in Fahrt kam, etwas später sein lang gezogenes Pfeifen und Rumpeln. Das Knirschen des Schotters, wenn jemand in Eile, um den Weg abzukürzen, über die Gleise ging. Sodann das Anschlagen der verschiedenen Kirchenglocken, die sich gegenseitig übertönten; mal war es die Uhrzeit, mal rief man zum Kirchgang oder zum Begräbnis. Manchmal war das Gepolter eines Müllwagens zu hören oder die Sirene einer Ambulanz, die auf das nahe Städtische Krankenhaus zufuhr. Kein Radio-, kein Fernsehlärm drang je in mein Sommerzimmer, kein lautes Wort aus dem Hausflur. Oder doch nur vergessen den Krach oder einfach nicht richtig aufgepasst, weil ich laufend mit anderen Dingen beschäftigt war, mit mir und meinem Alleinsein, dem Theater, der Liebe, der Wahrheit, der Kunst… Frau Seifert war den Tag über am Putzen, Waschen und Kochen. Wenn ich am späten Nachmittag den leicht gekrümmten Schönlinder Weg in der Sonne daherkam, stand sie oft lächelnd in ihrem Garten, der nur provisorisch eingezäunt war, und harkte die Gemüse- und die Blumenbeete. Stets trug sie dabei ein im Nacken verknotetes himmelblaues Kopftuch und eine geblümte Arbeitsschürze. Gegen Abend sah ich manchmal auch ihren Mann im Garten, ein ebenso wortlos freundliches Bauerngesicht. Er trug eine Bahnarbeitermütze, die seinen Beruf andeutete, eine blaue Arbeitsjacke und in der Hand eine Sense, mit der er ruhig das Gras zum Bahndamm hin mähte. Er beobachtete die Eidechsen, die im körnigen Sand zwischen den Schottersteinen verschwanden, oder er hielt nach Kaninchen Ausschau oder nach Ratten und nickte mir kaum merklich zu.

Mich erinnern, nachgraben, auch nachhelfend erfinden, besser: *wieder finden* die abhanden gekommene Zeit und die Wörter, Silbe um Silbe, die fast vergessenen Menschen Schritt für Schritt einholen, die Dinge, Farben, Gerüche, bevor sie gänzlich versunken sind wie die gelbe Lichterkette der Bahnstrecke nach Holenbrunn oder die Glocke auf dem Wärterhaus oder der Bahnhofsbrunnen. Wo mögen die beiden Hausleute geblieben sein? Mir ist, als höre ich sie stockend reden, Wortbrocken im harten fränkischen Tonfall, die Schweigsamen mit roten Wangen, die einander so ähnlich sahen wie zwei Feldsteine, wie die langstieligen Grashalme zwischen dem Bahnschotter – die Jahre und ihre Bewegung, meine und ihre Zeit, sich verlierend in verschiedener Richtung... Was ich im Umkreis über die Seiferts erfuhr, ist alles andere als aufschlussreich. Man munkelte etwas von bitterer Krankheit und erzwungenem Hausverkauf, auch von mangelnder Hilfe der nächsten Verwandten. Gewiss ursprünglich Bauern, aus der Gegend hier, vom Fichtelgebirge stammend, anfangs als Landarbeiter oder im Forst tätig, dann bei der Oberfränkischen Eisenbahn. Hatten Kinder (die Möbel meiner Kammer verrieten es mir, voran das niedrig angebrachte Bücherregal und der pultartige Schreibtisch, der mehr einer Schulbank glich), waren Kirchgänger, vielleicht sogar Sänger im Harmonieverein, Wandersleute, auch stolze Hausbesitzer, das Grundstück wahrscheinlich günstig vom

Arbeitgeber, der Bahn erworben. Müssten inzwischen an die neunzig sein; vermutlich gestorben oder im Altenheim verwahrt. Auf dem Kirchhof nachschauen, die Grabfelder absuchen, am besten gleich morgen.

Das Seiferthaus auf den ersten Blick nicht wiedererkannt, so unbewohnt sieht es aus, graugrün gestrichen, mit geschlossenen Läden, von Efeu halb zugewuchert. Auch heftig um- und ausgebaut, besonders das Erd- und das Dachgeschoß. Mein Zimmer ging nach Süden zum Gebirge, die schmale Küche nach Norden. Es gab noch eine weitere Dachkammer (für ein zweites Kind?), zur Festspielzeit ebenfalls an einen Schauspieler vermietet. Ein stabiler Zaun ist hinzugekommen, eine Dornenhecke, anwachsend. Ein fremder Name am Klingelbrett und irritierender Weise, wie um meine Erinnerung zu verhöhnen, auch eine andere Hausnummer: Schönlinder Weg Nr. 6 (statt Nr. 8), als wäre ich hier vor genau vierundvierzig Jahren nicht ein- und ausgegangen, zehn lehrreiche Lebens- und Leidenswochen lang. Als hätte ich keine Post bekommen, sehnsüchtig erwartet und bis heute aufbewahrt: An Moritz Schoppe, Schönlinder Weg 8, bei Seifert. Ich mustere den mir nichts sagenden Hauseingang, spähe über den Zaun, klingle zum wiederholten Mal. Wahrscheinlich im Urlaub die Leute.

Das Viertel wirkt vor allem deswegen so verwandelt auf mich, weil die früher alles bestimmende Bahnlinie verschwunden ist und Bauland, aber auch Brachland zurückgelassen hat. Die leutselige Frau mit dickem blondem Zopf und runden Wangen, die ich zwei, drei Häuser weiter in ihrem Vorgarten zwischen Blumenbeeten und Keramikenten anrede, erinnert sich ebenfalls nur dunkel an meine Wirtsleute, obwohl sie seit über zwanzig Jahren hier wohnt. Doch Frau Moosbrugger bittet den älteren Fremden arglos ins Reihenhaus, was Frau Seifert bestimmt nicht getan hätte. Sie möchte mir nämlich ein Buch mit Fotos vom alten, wie sie meint:

soviel schöneren Wunsiedel zeigen, und ich folge ihr vor allem, weil ich das Geburtshaus Carl Ludwig Sands wieder sehen möchte, ein windschiefer Kasten mit steilem Giebeldach, der bis in die siebziger Jahre am oberen Ende des Burggrabens stand. Auch kann ich ein gewisses Interesse an fremden Innenräumen nicht leugnen, am Duft des Weiblichen und Intimen... Ich traue mich kaum, den Fuß in den Flur ihres nach Bohnerwachs riechenden Hauses zu setzen, so verschachtelt und reinlich sieht alles aus. Und erst recht das düstere Wohnzimmer, zugestellt mit Schränken voller Nippes und fetten Sesseln, auf denen Puppen und Stofftiere lagern, angefüllt mit Uhren, Porzellanfiguren, Zierkissen und gehäkelten Deckchen, dass mir unklar ist, wo ich Platz nehmen könnte. Auf dem runden Tisch eine Plüschdecke mit Fransen, um an langen Winterabenden Zöpfe zu flechten.

Ich will der Enge entkommen und schlage Frau Moosbrugger vor, mit mir meiner schwachen Augen wegen auf die sonnige Veranda zu wechseln. Im Freien hinter dem Haus so nahe beisammen sitzend, dass sich unsere Schultern berühren, blättern wir, mit Unterstützung des Windes, die Buchseiten um, Schwarz-weiß-Fotos von schattigen Straßen mit grauen Hausfassaden, oft zum Erschrecken leer die Gassen, nur hier und da ein Pferde- oder Ochsenfuhrwerk, ein Handkarren, ein paar am Brunnen spielende Kinder. 1908 ist der Viehmarkt am Gabelmannplatz im Bild festgehalten worden, 1916 die Einweihung des Kriegerehrenmals. Im Mai 1917 gab es sogar eine von der anschwellenden Röslau verursachte Hochwasserkatastrophe, die mehrere Todesopfer forderte, eine Schlammflut, durch vier Fotos bezeugt. Irgendwann schaut mich Frau Moosbrugger an und sagt unvermittelt, der Balkon, unter dem wir sitzen, müsse eigentlich neu gestrichen und die Glyzinie beschnitten werden, doch ihr Mann, erst fünfundfünfzig, liege mit inneren Blutungen auf der Intensivstation in Marktredwitz. Sie halte hier alles, so gut es gehe, in Ordnung bis zu seiner Rückkehr, die Zimmer, den Rasen, das Blumenbeet. Wünscht sie etwa, dass ich ihr beim Streichen helfe oder bei der Gartenarbeit… Am Ende des kleinen Gartens, unter Buschwerk versteckt, ist noch der rostbraune Schotter der Bahnstrecke zu sehen. Und die Linden duften vom ehemaligen Krankenhaus her jetzt Ende Juli noch immer, als ob sie so lange auf mich gewartet hätten.

Sie dufteten auch an jenem Juniabend des Jahres 1964, an dem ich zum ersten Mal das Haus der Familie Seifert betrat. Ich öffnete den Koffer, legte das Manuskript meines »Götz von Berlichingen« und die mitgebrachten Jean Paul-Bücher auf den Tisch, die von daheim noch übrigen Butterbrote dazu, war jedoch unfähig, die von meiner Mutter gefalteten Kleidungsstücke herauszunehmen und gleichsam auf Dauer im Schrank einzuordnen. In meiner Dachkammer auf- und abgehend, fühlte ich mich wie aus der Welt gerutscht und war den Tränen nahe. Die Amseln jubilierten genauso wie zu Hause am Abend davor. Ein frischer Wind kam auf, es roch kräftig nach Gras und Erde. Am offenen Fenster stehend, konnte ich, wenn ich mich etwas vorbeugte, den Ort noch in seinen historischen Umrissen, die mehr oder weniger krumm der Stadtmauer folgten, vor mir liegen sehen, von Feldern umgeben und von drei barock behelmten Kirchtürmen überragt. Am Horizont blau und nebelhaft fern das Fichtelgebirge mit dem Felsenmeer der Luisenburg.

Ich dachte an meine zurückgelassenen Menschen, die Mutter, die erst jüngst gewonnene Freundin, und mein Magen krampfte sich schmerzhaft zusammen. Was sie wohl in diesem Augenblick taten… Ich traute mich nicht einmal, das Licht anzuknipsen vor lauter Fremdheit. Wie lange würde ich sie nicht mehr sehen. Ich malte mir aus, ich wäre zu Hause in meinem Zimmer, und Ulla würde gleich mit ihrem kleinen roten Fiat vorfahren, um mich zu einem Theaterbesuch abzuholen, »Othello«, vielleicht auch »Troilus und Cressida« oder eine andere Liebestragödie Shakespeares, natürlich von Fritz Kortner inszeniert. Oder wir gingen nebeneinander durch das Unterholz in die Sommernacht hinein, so viele Glühwürmchen überall in der Luft, in den Büschen und liebend am Boden. Hand in Hand wir beide. Ein Schwirren und Rauschen, Holz knackte; die Zeit ließ sich hören, Viertelstunde um Viertelstunde. Ich lehnte mich weit aus dem Fenster und begrüßte jeden der drei Kirchtürme Wunsiedels wie einen Nothelfer.

Langsam fiel die Dämmerung ein, auch die Vögel verstummten. Wie würde die Mutter ohne mich zurechtkommen? Seit sie mich aus dem Kinderheim zu sich genommen hatte, waren wir nicht mehr getrennt worden. Ich schaffte es noch als Jugendlicher nicht, über Nacht weg zu bleiben; ich konnte, von der Mutter entfernt, nicht einschlafen, von ihr getrennt, nicht leben. Für die einfachsten Verrichtungen des Alltags benötigte ich ja ihre Hilfe. Ich hatte mich, auch aus Bequemlichkeit, daran gewöhnt, dass sie an meiner Stelle Formulare ausfüllte und Bankeinzahlungen vornahm, auch Gespräche und Telefonate führte, die mir zu führen unangenehm war. Für mich übernahm sie die beschwerlichsten Wege. Hatte ich jemanden verletzt oder beleidigt, bemühte sie sich um einen Ausgleich, war mir ein wirkliches oder vermeintliches Unrecht geschehen, trat sie ohne Bedenken für mich ein und formulierte meinen Anspruch mit flammenden Worten.

Meine Mutter ließ mich, solange es ihr nur möglich war, keinen Moment aus den Augen. Kaum war ihre eigene Mutter, mit der sie in enger Verbundenheit lebte, gestorben, band sie den damals Fünfjährigen an sich. Jetzt hab ich nur noch dich, sagte sie unter Tränen und küsste mich feucht auf den Mund. Sie schleppte mich Vaterlosen in den Wirren der letzten Kriegsmonate sowie in den von Hunger und Kälte erfüllten Nachkriegsjahren überallhin mit. Wir rannten bei Nacht, ich schlaftrunken an ihrer Hand, im Sirenengeheul unter dem brennenden Himmel in den Öffentlichen Luftschutzbunker, schliefen auf harten Holzbänken nebeneinander im Kellergeruch, löffelten saure Milch aus Einmachgläsern. Sahen abends Scheinwerfer, wahre Lichtkegel den Horizont nach feindlichen Flugzeugen abtasten und löschten das Licht. Standen dicht beisammen in den überfüllten Straßenbahnen und Vorortzügen, ein paar gegen Schmuckstücke und zartes Porzellan eingetauschte Eier, Rüben oder Kartoffeln unter den Mänteln versteckt. Um meinetwillen vor allem, damit ich nicht Hunger litt, ertrug meine Mutter die Roheit und Raffgier der Bauern, die sie betrogen, und erduldete später auf dem Amt für Wiedergutmachung die Gemeinheiten ihrer (männlichen) Vorgesetzten. Wir zogen an den noch rauchenden Ruinen Mannheims entlang, Schutthügel, ausgebrannte Mauern, an denen noch Reste des Mobiliars hingen, Bilder, Spiegel, Waschbecken, blickten durch leere Fensterlöcher himmelwärts, und sie weinte vor ihrem zerbombten Elternhaus in der Elisabethstraße; sie erkannte ihr Viertel, die Christuskirche kaum wieder. Wir eilten, schon Polizeistunde, über eine defekte Eisenbahnbrücke bei Mannheim, zwischen deren Schwellen man tief unten das glitzernde Rheinwasser sah. Ich stolperte und wäre um ein Haar abgestürzt, doch sie bekam mich gerade noch am Ärmel zu fassen.

Die Mutter nahm mich auch auf Ämter und in Büros mit, auf Arbeitssuche und später dann als Sekretärin in ihre verschiedenen Dienststellen, die Spruchkammer, die Wiedergutmachung, das Arbeitsgericht, wo ich im Flur stillsitzen musste, mich langweilte und einschlief in überheizten Registraturen, im Klappern der Schreibmaschinen, im Aktenstaub und Zigarettendunst, im Licht der Neonröhren, von denen, wenn man mit Papierkugeln nach ihnen schoss, ein Flackern ausging und ein sehr hoher Ton, bevor sie erloschen. Mir waren die nackten Bürostühle der Angeklagten bald ebenso vertraut wie die gepolsterten Sessel der Vorsitzenden Richter, die überfüllten Aktenschränke ebenso wie die leeren Verhandlungsräume, in denen ich nachmittags meine Schulaufgaben machen sollte. Der Linoleumfußboden der endlosen Flure, leicht gewellt und knarzend, glänzte. An den Wänden lehnten die Rat und Recht Suchenden, stumm aufgereiht. Hinter den Türen mit den Namensschildern saßen die Leitenden Beamten, scherzten mit den Sekretärinnen und packten ihre Butterbrote aus, die Aktendeckel bekrümelnd. Ich verachtete sie alle gründlich, besonders dann, wenn sie sich bei der Weihnachtsfeier, bei einem Geburtstag oder beim Betriebsausflug menschlich gaben und vom Alkohol beflügelt aus ihren Rollen und gelegentlich auch über einander her fielen. Nie so leben wie sie, dachte ich, und nie so reden. Ich wartete, bis meine Mutter spät am Abend die Haube über die Schreibmaschine stülpte, mich bei der Hand nahm und wir zurückgingen in unsere ungeheizte Wohnung, wo wir, da weder Kohlen noch Holz vorhanden waren und auch die Gasmünzen am Ende, ein Margarinebrot aßen oder den dicken kalten Grießbrei, der vom Morgen noch übrig war, herunterwürgten und rasch das Bett aufsuchten. Eng aneinandergeschmiegt wie zwei Löffel, wärmten wir uns gegenseitig.

Es war inzwischen ganz dunkel geworden in meiner Dachstube, allein im Westen noch, wohin ich spähte, ein matter Glanz. Kein Licht anknipsen, jetzt bloß kein Licht! Ich versuchte mir meine Mutter vorzustellen, ihre feinen Gesichtszüge, ihre dunkle Stimme, ihre zierliche Gestalt, aber es gelang mir nur bruchstückhaft, gleichsam in Splittern. Mal tauchte ihre Nase auf, mal ihre Augen, ihr Mund, mit Speiseresten in den Winkeln, ihr Lächeln, ihr kaum ergrautes Haar, irgendeine eigentümliche Geste, ihr hellgraues Sommerkostüm, einmal sogar ihre Armbanduhr, ein schmales Rechteck mit goldenem Zifferblatt am Handgelenk; die Leberflecken und die blauen Adern auf ihrem Handrücken. Manchmal erschien sie mir auch in einer Weise, als wollte sie mich necken, mit schattenartig verwischten Zügen oder mit einem ganz fremden Gesicht, einer Maske, Augen wie Löcher in einer Schneewehe, wie dunkle Teiche, oder sie sprach mit verstellter Stimme zu mir wie zu einem Kleinkind, in einer Babysprache, wobei sämtliche Wörter auf »i« endeten.

Wie war unser Abschied am Morgen verlaufen? Hatte sie geweint, mich umarmt, mich zu küssen versucht? Hatte sie, noch im Bademantel, mich mit guten Ratschlägen überhäuft? Tatsächlich bin ich für sie immer fünf Jahre alt geblieben, ihr kleiner Junge, ihr Männlein. Sie sah mich ernst und mitleidig an wie einen, der es schwer haben würde in der Welt und der es dort entweder zu nichts oder aber zu etwas Besonderem bringen würde, was beides ein ungemütliches Leben versprach. Sie war überzeugt, dass ich ihrer Hilfe andauernd bedurfte und dass ich ohne sie in der Fremde verloren war, unfähig, die Gefahren des Daseins allein zu bestehen. Sie würde immer zu mir halten, das war klar, mich lebenslang unterstützen, auch wenn ich versagte, und ich hatte häufig versagt und geriet stets in irgendwelche Schwierigkeiten, im Kindergarten bereits, wo ich aus Furcht vor den fremden Kindern, die meine Spielsachen zerbrachen, nicht bleiben wollte. Auch in der Volksschule war ich, vom Hauptlehrer beim kleinsten Vergehen verprügelt, ein kleiner Versager, indem ich mich über ein Jahr lang weigerte, schreiben und lesen zu lernen, und saß folglich auf einer der hintersten Bänke bei den Polackenkindern, die nach Lysol und Entlausungspulver rochen. Erst recht im Gymnasium, wo ich vor allem durch Verweigerung, Schulschwänzen und Sitzenbleiben auffiel. Sogar im Sportverein bekam ich Ärger mit Tennis-, Fußball- und Hockey-Trainern, deren Anweisungen ich nicht befolgte... und nun auch im Theater, wo ich durch meine Arroganz wie meine Unsicherheit auffiel. Ein schriller, ins Fleisch schneidender Ton der Abwehr und der Widersetzlichkeit begleitete mich und ließ sich nicht abstreifen. Ich schien Konflikte anzulocken. Oft geriet ich gerade dadurch, dass ich anderen auswich, in Konfrontation mit ihnen. Sie standen plötzlich vor mir, traten mir überraschend in den Weg, ohne mich in meiner Besonderheit zu beachten, raunzten mich an oder übersahen mich, und ich verspürte den Zwang, sie für ihre Achtlosigkeit zu bestrafen und zu beleidigen. Ich konnte an keinem Theatergebäude, keinem Schaukasten mit Theaterfotografien und erst recht an keinem halbwegs erfolgreichen Theatermenschen vorbeigehen, ohne mich unbehaglich, zurückgewiesen und beschämt zu fühlen. Ich wollte schon dabei sein, sogar mittendrin im Scheinwerferlicht, als Hauptrollenspieler, der alle in seinen Bann zog, ein Sprach-Artist und Groß-Mime wie Will Quadflieg, Oskar Werner oder Thomas Holtzmann, die ich als Tasso, Hamlet und Karl Moor bewunderte, ein zärtlicher Rebell wie Klaus Kinski, dessen wilde Suada ich bei jeder Gelegenheit nachahmte, und befand mich zugleich weit entfernt von allen, ein Abseitssteher voller Verachtung.

Meine Mutter, jetzt sehe ich sie schattenlos vor mir, mit grauem Rock und Strickjacke, ein Bein übergeschlagen, den Oberkörper etwas zur Seite gekehrt, am abendlichen Küchentisch, den Dakkelhund auf dem Schoß. Sie schaut zum Fenster, dann zum Flur hin, als horche sie auf sich nähernde Schritte, meine Schritte, so wie auch ich noch immer, nach so vielen Jahren, auf die ihren horche. Fast gleich alt kommt sie mir vor, mit dem dunklen Haar sogar ein paar Jahre jünger als ich. So angespannt, so erregt, mit brennenden Augen sitzt sie dort auf dem Küchenstuhl, als lausche sie, von mir angesteckt, meinen unbedachten Worten, meinen schrillen Einfällen, meinen kleinen Erfolgen und herben Niederlagen.

III

Mein Fußweg zur Luisenburg, die etwa drei Kilometer von Wunsiedel entfernt liegt, führte in südlicher Richtung quer durch die Stadt – über die Bahngleise hinweg, an der Kirchhofmauer entlang und zwischen den dort längst zugunsten des edeka-Supermarkts, der Fichtelgebirgshalle und des Hotels »Wunsiedler Hof« verschwundenen Schrebergärten hindurch. Die schwere schwarze Gartenerde nie ganz vergessen, die mich tröstend umgab und den hastigen Schritt auch nachts dämpfte, die Pflaumenbäume, schiefen Zäune, Gartenhäuschen und Regentonnen, Sonnenblumen und Rosen, und überall schimmerte der Turm der Gottesackerkirche herein. Sodann das holprig gepflasterte Friesnergäßchen hinauf zum Jean Paul-Platz mit dem von Ulmen gesäumten Jean Paul-Denkmal, dann weiter zur Maximilianstraße und von dort über den Marktplatz, der sich in die Theresienstraße fortsetzt. Nach rechts nun in die Burggraf Friedrich-Straße eingebogen, an der langen Fassade des Realgymnasiums vorbei…

Im Unterschied zum Bahnhofsumfeld habe ich die Innenstadt gleich wiedererkannt. Ein wenig verblichen, wie bestäubt die Häuser, wie umnebelt. Ein graues Ladengeschäft ist zu verkaufen, ein anderes zu vermieten, an einem dritten (»Schuhmacherei Lippet«) steht: »Nur montags geöffnet, sowie bei Regen.« Vom »Dolomiten-Eiscafé«, in dem ich vor vierundvierzig Jahren ab und an verkehrte, auch der Schulmädchen wegen, die mir Blumen und

Liebesbriefe voller Rechtschreibfehler schickten (»An den Schauspieler! Wunderschöner fremder Herr…«), ist noch die Neonschrift über dem Eingang erhalten. Innen, wo ich blutjung neben den Mädchen saß und redete, nichts als redete, lichtlose Leere, Faschings-Gerümpel, soweit durch matte Schaufensterscheiben erkennbar. Ein Pfauenauge lässt sich auf der Hauswand nieder, eine Katze räkelt sich im gepflasterten Graben. So warm die Steine der Stadtmauer in der Harmoniegasse, die auf das alte Koppetentor zuführt, mit Zinnenkranz und Wetterfahne, frisch angestrichen. Daneben das »Weiße Lamm«, nun fest in Chinesenhand. Die kleine Strumpffabrik in der Katharinenstraße ist noch vorhanden, es riecht von weitem nach Wolle, und die Strickmaschinen schnurren auch noch. Man hat sich, der Region entsprechend, spezialisiert auf Sportstrümpfe, Wanderstrümpfe, Trachtenstrümpfe, Puppenstrümpfe, doch die Aussichten scheinen eher trüb… Abblätterndes Grün, klapprige Hoftore und Fenster. Ein Mann und eine Frau tragen Ölbilder (ein Blumenstilleben, zwei Gebirgslandschaften), aus einem verwitterten Haus, dessen Tür sie mit einem sehr großen Schlüssel verschließen. Vom Wilmapark her ist das Plätschern des Wilmabrunnens zu hören; ein Kinderspielplatz heute. Man hat die Wege begradigt, Kastanien und Linden abgeholzt. Kein Kind zu sehen, nur eine Frau sitzt rauchend, einen Flachmann mit Korn in der Hand, auf einer Parkbank. Sie versteckt sich hinter einer Sonnenbrille und einer Zeitung. Vielleicht eine neurotische Schauspielerin oder eine Souffleuse… Ob es in Wunsiedel weibliche Stadtstreicher gibt? Säufer jedenfalls die Menge, falls man den von Bierdosen überquellenden Papierkörben Glauben schenkt. Vom Kirchberg aus führt die Alte Landgerichtsstraße steil abwärts auf ein Brückchen zu, das den städtischen Bach (oder Fluss?), die Röslau überquert.

Auch den Eisweiher, der im Sommer Sportteich heißt, erkenne ich wieder und weiß nun genau, wie der Weg ins Gebirge weiter verläuft. Kinder in Tret- und Ruderbooten, Entenfamilien und fette Karpfen, nach Luft schnappend. Der Himmel scheint auf dem Wasser zu liegen. Noch vom Tau nass das Gras und voller Perlen. Ein Dackel hält mit dem Buddeln inne und schaut lange hinter einem Vogel her. Ob er nachdenkt über sein kurzes Hundeleben oder das fast weiße Morgenlicht auf den Blättern? Der Bach geht leise glucksend neben mir her, Moose und Algenhaar, das sich rötlich mit der Strömung bewegt; gestaute Blütenblätter, weiß und rosa, das Ufer entlang. Die Tennisplätze sind leer, obwohl mir so ist, als hörte ich das Geräusch aufschlagender Bälle. Vom Schwimmbad her einzelne Rufe. Noch früh am Tag, ein heller Himmel mit Kumuluswolken. Es ist eine Lust, im flirrenden Morgenlicht dem Wind entgegen zu gehen.

Streng aufwärts führt der Weg zur Luisenburg, eine Allee, zu beiden Seiten zunächst von Birken, dann von Ahornen gesäumt. In Sichtweite das Waldgebirge, tiefblau ansteigend zum Himmelsrand. Ich streife im Vorbeigehen das Getreide mit der Hand, das frisch gemähte Gras mit den Füßen. Du bist ja noch da, sage ich laut zu mir selbst. Meine Gedanken, Gefühle, die Kopfbilder begleiten mich, meine wirre Jugendgeschichte, die ich mir immer wieder neu und anders erzähle, Lebenszeit, deren Gewicht mir heute so leicht erscheint. Das Licht mal grell, mal gedämpft durch das Blattwerk der Bäume. Eine Märchenwiese aus Mohn, Margeriten, Kornblumen, Klee. Ach, zieh mich raus, rief das Brot, sonst verbrenn ich. Frische Äpfel im Gras. Mich dazu hocken, mich zur Probe hineinlegen in das bunte Gesumm, zwischen die aufspritzenden Heuschrecken und die kreisenden Bienen. Der Blick schweift westwärts über das Gelb und Braun der Felder und das helle Grün der Wiesen auf zwei Dörfer, wie aus farbigen Bauklötzen in die Landschaft gefügt. Neben dem Fußweg her lärmt auf breit angelegter Straße der Autoverkehr.

Dann bin ich nur noch von Fichten umgeben, die zwischen Granitfelsen aufragen. Dämmerlicht im ausgeschilderten Rotkäppchenwald, Farne und Moos und zwischen den Baumstämmen ein verzaubertes Eichhörnchen auf und ab. So ernst und dunkel die Nadelbäume, einer neben dem anderen, wie aus einer Vorzeit stammend, in der es noch keine Laubwälder gab. Sie rauschen und flirren so fremdelnd. Umklammern mit langen Wurzeln die Felsen und finden selbst auf dürftigster Humusschicht einen Halt. Ich steige stetig bergan im süßlichen Harz- und Himmelsduft. Weich mein Schritt auf abgeblätterten Rinden, trockenen Zweigen und Tannennadeln, beinahe federnd. Die letzten Heidelbeeren des Jahres, wie für mich aufbewahrt. Harte schmale Waldgräser, pfeilspitz. Eine Fuchsspur führt ins Unterholz, ich folge ihr witternd ein Stück weit auf allen Vieren, die Nase am Boden. Die vielen Glimmersplitter im Wegbelag funkeln wie Edelsteine, sobald sie ein Sonnenstrahl trifft.

Von verschiedenen Seiten betrachtet, gleicht die Schale des Zuschauerraums der Luisenburg, auf Felsen und hohe Betonpfeiler gesetzt, einem riesenhaften Insekt, das in den Fichtenforst gestürzt ist und eingekeilt wurde, danach von Vögeln und Käfern ausgeweidet, so dass nur der Panzer und die stämmigen Beine übrig blieben. Nicht weit vom fahnengeschmückten Haupttor entfernt steht mitten im Weg ein silberfarbener Audi von »Autowelt Kaiser«, einem Sponsor vermutlich, der bereits unten am Ortsrand mit einem protzigen »Autopalast« die Landschaft versaut hat. Der Audi dreht sich auf einem silbernen Podest, das ein weißes Segel bekrönt. Die Passanten drücken sich an dem gleißenden Hindernis vorbei; wissen nicht recht, ob dies bereits Teil des Theaterstücks, der Inszenierung ist, die sie erwartet, wissen auch nicht, ob sie nun in Gedanken den Hut ziehen sollen aus Ehrfurcht... Ich finde die unscheinbare Pforte im Jägerzaun wieder, die – über eine Art Hühnerleiter – zum Bühneneingang führt, der um die Mittagszeit noch verschlossen ist.

Nach wiederholtem Klingeln wird mir von einer nervösen Angestellten des Betriebsbüros aufgetan. Dass ich an diesem Ort vor genau vierundvierzig Jahren engagiert war und nun die Bühne noch einmal zu sehen begehre, interessiert die Vielbeschäftigte – »wer immer ich sein möge« – nicht im Geringsten. Sie ist schon wieder in ihrem Büro verschwunden und lässt mich in den unterirdischen Gängen allein zurück, zwischen weiß gestrichenen Felsen, die noch bei nahezu völliger Finsternis dem Schauspieler eine Orientierung erlauben und ihm den Weg zu seinem Auftritt weisen. Ich taste mich, einer vagen Erinnerung folgend, im Stollen nach rechts voran zu den Herrengarderoben, öffne die Tür von Raum Nummer 2, nehme im äußersten Winkel auf einem Klappstuhl vor einem Spiegel Platz, knipse das Licht an und atme eine Zeit lang den Geruch der Kostüme, der Schminktöpfe und des Puders ein. Nichts als Leere im Kopf, ein Schweben und Rauschen. Weißer Dunst wie feinster Staub aus der Sahara breitet sich im Raum aus, ein Absterben, ein Versanden. Das aschgraue Gesicht mit den zerknitterten Zügen im Spiegel soll meines sein? Und wer war dann der junge Mensch, der einst hier saß im Theaterrock, vor einem zerfledderten Rollenbuch, und sich so unbehaglich fühlte? Ein Ich, in dem ich mich kaum noch zu erkennen vermag… Wäre mein Leben ein anderes, vielleicht besseres gewesen, wenn ich es am Theater verbracht hätte als Regisseur, ständig von Menschen und ihrem Gerede umgeben, statt einsam am Schreibtisch vor einem Blatt Papier? Abwegiger Gedanke… Ich folge dann weiter der Lichtquelle, bis ich, von der Sonne geblendet, am Rand der ältesten und größten, anfangs von bürgerlichen Laien bespielten Naturbühne Deutschlands stehe.

Der Name Luisenburg soll an die preußische Königin Luise erinnern, eine berühmte und beliebte Frau mit Einfluss und Kunstverstand, die früh starb. Jean Paul hat sie verehrt, selbst Extremisten wie Clemens Brentano und Heinrich von Kleist haben ihr gehuldigt. Immer wenn sie im benachbarten Alexandersbad zur Kur wohnte, hat sie das Felsenlabyrinth aufgesucht. Die aus sich auftürmenden Granitblöcken bestehende und mit Fichten bestückte Luisenburg ist vom Naturforscher Goethe, der dem Phänomen der Verwitterung weicherer Gesteinsarten auf der Spur war, zweimal »mühsam durchkrochen« worden. Das Labyrinth war ihm »ein aufgeschlagenes Buch der Natur«, und er notierte bewundernd: »Die ungeheure Größe der ohne Spur von Ordnung und Richtung übereinander gestürzten Granitmassen gibt einen Anblick, dessen gleichen mir auf allen Wanderungen niemals wieder vorgekommen.«

Über die ganze Bühne sind ansteigend Felsen, Fichten und schlanke Birken auf eine ebenso natürliche wie künstliche Weise verstreut, dergestalt, dass im Vordergrund eine breite, mehrstufige, dem Blick der Zuschauer direkt zugängliche Spielfläche entstanden ist, während sich der Raum von Plateau zu Plateau immer schroffer verengt, nicht ohne den Schauspielern hier und dort Verstecke und überraschende Auftrittsmöglichkeiten, hinter Felsen oder geschickt plazierten Büschen und Bäumen hervor, zu erschließen, um beispielsweise den Elfenzauber einer Sommernacht zu illusionieren. Ich klettere, über schiefe Steinstufen und abbröckelnde Felsgrate hinweg, wie beflügelt nach oben, bis zur Spitze des szenischen Raums, die ein bemooster Dreieckfelsen markiert, und blicke leicht schwankend über den Fichtensaum hinweg auf das Städtchen und die umliegende Landschaft. Gelb leuchtende Felder, welliges Wiesengrün, von hellen Wegen durchzogen; vereinzelte Bauerngehöfte. Gedämpftes Dröhnen und Hupen von Spielzeugautos. Sogar das mittägliche Glockengeläut dringt herauf. Stimmen über mir, in dem für Besucher zugänglichen Teil des

Felsenmeers, auch Kinderstimmen, ganz nah an meinem Ohr. Gemurmel des Windes, der sich in Felsschründen verfängt.

Des gerade aufgeführten Stückes, eines weltweit erfolgreichen Musicals namens »Anatevka« wegen, das in einem jüdischen Dorf in der Ukraine spielt, hat man die eindrucksvolle Naturszenerie mit Holzhäuschen, die an Puppenstuben erinnern, zugebaut. Die Vorderbühne bedeckt ein Bretter- und Tanzboden. Der Zuschauerraum ist schon vor vielen Jahren umgestaltet worden. Die Besucher müssen sich nicht mehr, wie zu meiner Zeit, auf schmalen Holzbänken zusammendrängen, sie können über 2000 bequeme Sitze verfügen. Und das elegante helle Zeltdach, von Frei Otto entworfen, verleiht der eher dunkel lastenden Felsenkulisse etwa segelartig Leichtes, Schwebendes. Hier spielt auch die Sonne mit, bei den Proben wie bei den Vor- und Nachmittagsvorstellungen, Licht und Schatten auf dem grauen Granit und das Glänzen der Birkenblätter. Ebenso der Wind, der die Felsen entlang pfeift, die Zweige in ein Flüstern versetzt und Fichtenzapfen herabschüttelt, erste welke Blätter und Amselschreie vor sich her treibt. Nebelgeister können auftauchen, gar nicht so selten Regen, der auf das Zeltdach trommelt und – vom Donner begleitet – die Worte der Schauspieler unverständlich, ja unhörbar macht. Der Sturm spielt mit, der sich verfärbende Himmel, Form und Bewegung der Wolken, der Geruch gebratener Würste und brennender Fackeln, in der Abenddämmerung Schnaken und Nachtfalter, das plötzlich einfallende Flutlicht, Insekten im Lichtkreis der Scheinwerfer… Ein Bohrer kreischt auf, ein Schweißgerät, und kurz darauf schreitet ein dicker Bühnenarbeiter in roter Montur ohne mich zu beachten die Rampe entlang, gewichtig hin und wieder zurück, als wäre er ein Hauptdarsteller in einer gerade beginnenden Handwerkerkomödie.

Ich könnte nun etwas essen gehen in einem der für die Besucher dicht an der Zufahrt errichteten Schnellrestaurants, zuvor noch eine Eintrittskarte für die Nachmittagsvorstellung erwerben oder im Betriebsbüro um eine Freikarte bitten, falls die Vorstellung ausverkauft sein sollte. Doch bereits der Gedanke bereitet mir Unbehagen. Nicht das geringste Bedürfnis nach Theater, ganz gleich nach welchem, schon lange nicht mehr, erst recht nicht nach einem jüdischen Musical auf einer Naturbühne vor einem Freizeitpublikum. Eher die Furcht, fast die Gewissheit, ich würde mir mit so einem Theaterbesuch den restlichen Tag und den heiteren Ausflug und die gerade erreichte Ruhe und Gelassenheit verderben... diese gleichsam durch die Hintertür erfolgte Wiederannäherung an einen düster verhangenen Ort meiner Vergangenheit.

Der mir angemessene Platz ist draußen vor dem Theater auf einem Stein. Ich beobachte eine Gruppe von Ausflüglern mit Hüten, kurzen Hosen und Wanderstöcken, dicke Rucksäcke dabei. Sie machen Witze und lachen. Fühlen sich frei, zumindest heute. Freuen sich über den gelungenen Tag. Wollen das Felsenmeer aufsuchen und anschließend vielleicht die Vorstellung um drei. »Anatevka«, buchstabieren sie; ein Vergnügen, oder vielleicht doch traurig? Dann lieber ins Wirtshaus, meint einer im Gehen. Gegen halb zwei treffen die ersten überfüllten Autobusse ein, aus Nürnberg, aus Berlin, und die Ankömmlinge strömen in die umliegenden Gaststätten, wo alles schon für sie vorbereitet ist... Dicht an mir vorüber der Hauptdarsteller Günter Mack auf dem Weg zur Bühne, vom Alter leicht gebeugt, eine Zigarette rauchend, in einem beigefarbenen Jackett, begleitet von einem trägen, beigefarbenen Hund. Unter Hansgünther Heymes Regie haben wir früher zusammen gespielt, in Heidelberg und Wiesbaden vor mehr als vierzig Jahren, zum Beispiel in Sartres »Der Teufel und der liebe Gott« (er den zynischen Landsknechtgeneral Götz, der Gott herausfordern will, und ich einen namenlosen Ritter). Er erkennt mich nicht, er sieht mich im Vorbeischlurfen nicht einmal an, und ich habe nicht den Wunsch, ihn anzusprechen. Ein paar Ausflügler kennen ihn offenbar aus dem Unterhaltungsfernsehen, wo er in Serien als gütiger Vater auftritt, sie flüstern »Günter Mack« und schauen ihm nach, wie er schweren Schritts im Bühneneingang verschwindet.

Früh morgens, am Tag nach meiner ersten Ankunft in Wunsiedel und noch im Zustand äußerster Unsicherheit, Verlassenheit und Verwirrung (auch der vielen fremden Gesichter wegen, die mich anzustarren schienen), traf ich im Betriebsbüro mit dem neuen Festspielintendanten Christian Mettin zusammen, kurz vor dem Beginn der Stellprobe zum »Götz von Berlichingen«, den er selbst zu inszenieren sich anschickte. Dabei teilte er mir nicht unfreundlich, aber in gewundenen, etwas fahrigen Sätzen mit, dass meine Bearbeitung von Goethes Jugenddrama durchaus interessant sei als die eines dramaturgisch denkenden jungen Menschen, dass sie auch in sich schlüssig und konsequent erscheine im Sinn eines erneuerten kritischen Geistes, doch er finde zugleich, dass bei meiner Neufassung zu viele Farben des Volksstücks verloren gingen und ein fast Brecht'sches Thesenstück entstünde, das er den einfachen Menschen hier in der oberfränkischen Provinz nicht zumuten könne, schon gar nicht zu Anfang seiner Tätigkeit. Er habe daher eine eigene, vielleicht weniger ambitionierte, jedoch – wie er glaube – für die Freilichtbühne besser geeignete Bearbeitung hergestellt, nach welcher nun gespielt werden würde.

Er schob mein Manuskript mit einer abschließenden Geste beiseite und drückte mir, ohne mich anzusehen, das seine, von nun an allein zählende in die Hand. Es war bereits vervielfältigt und mit Leerseiten durchschossen worden, die genügend Raum für Regie-Anweisungen aller Art boten, während mein »Götz«, in den ich die allergrößten Hoffnungen gesetzt hatte, von einem Augenblick auf den nächsten für unbrauchbar erklärt und ungül-

tig geworden war, ein überflüssiger Haufen Papier. Im Betriebsbüro, das sich fensterlos unter der Erde, im Felsenbereich befand,
roch es so muffig nach Keller, nach Schimmel und Abraum, dass
mir das Atmen schwer fiel und ich kein Widerwort herausbrach-
te. Mit eingezogenen Schultern, vor Enttäuschung stumm und
wo möglich noch heftiger fremdelnd, folgte ich dem Intendanten
und seinem aus Bühnen-, Kostüm- und Maskenbildnern sowie
dem Dramaturgen bestehenden Stab auf die von der Morgenson-
ne beschienene Felsenbühne, wo uns die Schauspieler bereits er-
warteten. Sie waren freizeitmäßig gekleidet wie gewöhnliche
Urlauber, trugen aber unverkennbar ihr Begrüßungslächeln im
Gesicht, das ihrer Besonderheit Ausdruck verleihen sollte und sie
doch eher einander gleich erscheinen ließ. Auch die beiden Mimen, die ich im Zug beobachtet hatte, befanden sich unter ihnen,
wobei sich besonders der Jüngere durch seine Beflissenheit her-
vortat, fast unterwürfig gegenüber dem Intendanten, von dem er
für sich die Rolle des schurkischen Franz zu erhoffen schien,
vorsichtig abtastend mir gegenüber, mit Fragen, woher, aus welcher Stadt, von welcher Bühne ich denn käme, als sei er bemüht,
meine Stellung innerhalb der Hierarchie auszuloten.

Und ich bemerkte, im Textbuch blätternd, schon während
dieser ersten Probe, die fast acht Stunden währte, dass nahezu
alles, was ich aus meiner Stückfassung, vielleicht etwas zu streng
und übereifrig, verbannt hatte – das Episodische und Melodra-
matische -, in der des Intendanten unberührt erhalten war, also
Zigeuner und Feme, Folklore und Dämonie, weihevoller Kitsch
und treuherziges Deutschtümeln. In der so dargebotenen Form
jedenfalls erschien mir der »Götz« ganz unverantwortlich harmlos,
sternenweit entfernt von meinem Versuch, das Stück auf »Dantons
Tod«, »Woyzeck« oder gar »Mutter Courage« hin weiter zu denken,
als nervöse Kriegs-Chronik, mit knappen, wie abgerissenen Szenen. Für mich gab es an diesem Ort, das war so früh schon ab-

sehbar, rein gar nichts zu tun. Ich war vom ersten Moment an überflüssig, unbrauchbar, ja ich störte den gedankenlosen Ablauf nur mit meinen ständig abweichenden Vorstellungen und Sinnfragen, meiner verstockten An- und Abwesenheit, meinem bitteren Protest.

Zumal sich der Intendant auch als Regisseur auf halbherzige Arrangements beschränkte und über ein wie immer geartetes Regiekonzept nicht zu verfügen schien. Manchmal, in Probenpausen, bemerkte er, ironisch mir zugewandt, mit einem Anflug von Selbstkritik, er habe, nach meinem Gesichtsausdruck zu schließen, den Eindruck, dass mir das Geschehen auf der Bühne zu ungeistig sei, worauf ich ihm nicht widersprach. Er ordnete die Auftritte der Figuren auf den verschiedenen Felsenplateaus mit einer matten Routine, die langjährige Erfahrung im Wegschauen verriet, ohne die Möglichkeiten der Freilichtbühne wirklich zu erkunden, zu begreifen und auszunutzen, ohne auch nur einmal den Versuch zu wagen, stilisierend *gegen* die Naturkulisse anzuspielen. Gefälliges Mittelmaß war auch schon alles, was ihm gelang. Er war eben kein strenger und unbestechlicher Beobachter des Bühnengeschehens, auch kein gelassener Zuschauer. Kaum einmal bemühte er sich, durch Erklärung und beharrliche Wiederholung, einem Schauspieler etwas von Grund auf Neues beizubringen, ihn durch praktische Übung und Vormachen zu einer Änderung seiner Haltung zu bewegen. Er nahm einfach an, was von den Schauspielern an Ausdrucksformen kam, doch wenn ihm fast nichts oder etwas Falsches angeboten wurde, übersah und überhörte er es resignierend. Auf diese Weise entstand nicht einmal sorgfältiges Provinztheater. Die Szenen huschten oder holperten ohne inneren Rhythmus dahin, ohne eine Erinnerungsspur zu hinterlassen, sie verliefen sich matt zwischen Felsen und Büschen, was den Schauspielern, die zu jeder Zeit vor allem darauf aus sind, sich selbst zu produzieren und für das Ganze und Andere einer

Dichtung selten wahres Interesse aufbringen, nicht unangenehm zu sein schien. Die Hauptdarsteller stolzierten als pure Klischees ihrer selbst einher, klirrend, mit Ritterpathos, Hinterlist und Bauerntrotz gepanzert, sie präsentierten ihre eingeschliffenen, längst verkrusteten Gesten, Mienen und Töne und fühlen sich wie in gut bezahlten Sommerferien. Sie waren ihrer Sache völlig sicher und hielten sich für unangreifbar. Dass man sie auch als Lügner oder zumindest Fälscher ansehen könnte, kam ihnen keinen Augenblick in den Sinn.

Mein immer neu aufflammendes Grauen, wenn so ein Schauspieler die Bühne betritt und gleich einen Satz sagen wird. Ich weiß meistens schon im voraus, wie gespreizt, wie verkrampft heiter, wie überartikuliert der Vers oder Satz und die ihn begleitende Geste, die Szene, das Stück, der ganze Abend ausfallen werden – eine Zumutung auch deshalb, weil diese häufig unintelligenten, jedenfalls naiven und mangelhaft ausgebildeten Wesen sich ständig enorm wichtig nehmen und für kompetent halten, sogar in geistigen und moralischen Fragen, obwohl sie doch von der Welt des Geistes sternenweit entfernt sind. Ja sie verachten und hassen nichts mehr als den Geist der Literatur.

Man höre nur einmal hin, mit welcher falschen Bedeutsamkeit so ein Mime gewöhnlich ein Gedicht, zum Beispiel eine Ode von Hölderlin oder eine Elegie von Rilke aufsagt, sich auf jedem zweiten Wort ausruhend und es breit sitzend, weil er das für »interpretieren« hält, statt den Text schlank und locker herunterzulesen, als handle es sich um einen Kommentar im Wirtschaftsteil der Zeitung oder um das Telefonbuch.

Im Lauf der folgenden Proben, die auf viel zu knappe zweieinhalb Wochen begrenzt waren, wurde mir das ganze Ausmaß der Wunsiedeler Ideenlosigkeit und Schlamperei erst bewusst. Kein Wunder, dass die Aufführung des »Götz von Berlichingen« so steif und stümperhaft geriet, so kraftlos in der Führung der Personen und so ausnehmend harmlos, was die Bluttaten des Bauernkriegs (und Martin Luthers dubiose Rolle dabei) angeht. Schal auch das Pathos des Schlusses: Götz stirbt erniedrigt und gebrochen im Kerker, und während die Umherstehenden diesen Tod mit (in meiner Fassung gestrichenen) »letzten Worten« kommentieren, setzt das Gebimmel des Totenglöckchens ein. Der Held wird im Sessel zu gedämpfter Trauermusik von der Bühne getragen, und langsam erlischt das Licht.

Ich fand dieses Schlussbild empörend bieder, konfliktscheu, von einer Verlogenheit, die ich in meiner frischen Erregung nicht hinnehmen wollte. Ich sah darin nur blanken Zynismus, Kunstverachtung, ja Kunstvernichtung, und das Theater als Kunstvernichtungsanstalt. Denn Götz' Scheitern hatte in meinen Augen vor allem mit seiner wortbrüchigen Teilnahme am Bauernkrieg zu tun, war also auch politisch bedingt, während die Regie seinen Tod dem Rhythmus der Natur zuschob, die nun einmal in ihren Herbst getreten war. Lieber würde ich Straßen fegen und Mülltonnen leeren, schrieb ich pathetisch nach Hause (und äußerte es wohl auch im Theater), als einmal selbst als Regisseur solche Geistesferne zu verantworten.

Ich war deprimiert, fühlte mich ausgeliefert an die Bequemlichkeit von Theaterleuten, die sich bei jeder Gelegenheit Künstler nannten, doch nicht einmal präzis arbeitende Handwerker waren, sondern Pfuschern und Blendern glichen, die in dem kleinen Ort am langen Gebirge für ihre Nachlässigkeit und ihr Nichtstun auch noch honoriert wurden. Nicht nur, dass meine reflektierte und wie ich meinte dem »Götz« allein auch angemessene, weil radikale und zeitgemäße Fassung mit populistischen Argumenten abgewürgt worden war zugunsten einer sentimental-oberflächlichen Version, die sich beim Unterhaltung gewohnten

Publikum anbiederte und dem Intendanten obendrein noch zu einem fetten Bearbeitungshonorar verhalf, das eigentlich mir zustand. Es gab hier auch für einen angehenden Regisseur und Nervenschauspieler siebzig endlose Tage lang, außer ein paar technischen Handgriffen, so gut wie nichts zu holen und zu lernen. Nur Beulen, Herzschmerzen und die Langeweile verlorener Zeit. Dass ich fast immer anderer Ansicht war als der Intendant, der ihm ergebene Dramaturg und die meisten Schauspieler, schadete meinem Ruf zusätzlich und trug zu meiner Isolierung bei. Ich reagierte schrill und hochfahrend, war der Ungefüge, der überall störte. Man war irritiert ob meiner Anmaßung, hetzte und lachte wohl auch über mich. Weder die Rolle des tapferen Georg noch die des schurkischen Franz, mit welchen der zur Unzeit gestorbene Friedrich Siems mich wechselnd angelockt hatte, ohne mir eine von beiden verbindlich zuzusagen, bekam ich schließlich, auch keinen vergleichbaren Ersatz. Es blieben mir nur die gewohnten Wurzen (Erster Gerichtsschreiber, Zweiter Kaufmann, Dritter Bambergischer Reiter), die zusammen auf demütigende sieben Sätze kamen, einer überflüssiger als der andere.

Ich träumte noch viele Jahre danach, ich hätte mich in einem Bergstollen der Luisenburg verlaufen und dadurch meinen Auftritt verpasst oder ihn sogar mit Absicht vermieden, indem ich mich trödelnd verirrte. Lange beschäftigte mich die Vorstellung, meine sieben Sätze versäumt zu haben, einem inneren Zwang folgend, der mich vom Freilichttheater hinweg in diese feuchten Gänge und schimmligen Höhlen immer tiefer hinabzog, ein unterirdisches Labyrinth aus sich verzweigenden Tunneln, in welchen man spurlos verschwinden, verhungern oder ertrinken konnte. Jedenfalls blieben die Sätze, will mir scheinen, eines Abends ungesagt, mit der Folge, dass auch der sich anschließende Auftritt des Titelhelden, den ich anzukünden hatte, ins Wanken geriet und Unsi-

45

cherheit, ein allgemeines Stottern und Flattern aufkam und selbst die Souffleuse erwachte. Für einen Augenblick bemerkte man meine Abwesenheit und dass selbst ich, der verhuschte Besserwisser, ein klein wenig nötig war, damit das Zusammenspiel glückte. Der Inspizient, ein Männlein mit Ziegenbart, das mich an einen Foxterrier erinnerte, klingelte Sturm in sämtlichen Garderoben, bellte meinen Namen in den Lautsprecher, man rief und suchte nach mir in allen Räumen, drohte mir, verfluchte mich und vergaß mich wieder. An meinem Eckplatz, im äußersten Winkel der Herrengarderobe 2, hing neben dem Spiegel, über dem Moritz Schoppe stand, noch mein verlassenes Bamberger Reiterkostüm, leicht ausgebeult an den Knien.

IV

Tagsüber hielt ich mich auf der Luisenburg auf, und der Probenbetrieb, so enttäuschend er sich auch gestaltete, bot mir doch – über die pure Ablenkung hinaus – eine gewisse Orientierung. Das tägliche Dabeisein verhalf mir zu einem Anflug von Geborgenheit im Fremden, es gab mir einen Halt oder täuschte mir einen solchen zumindest für eine begrenzte Zeit vor. Ich war eingespannt und hinlänglich beschäftigt mit dem Führen des Regiebuchs, worin ich jede Position der Akteure, alle Gesten, Schritte und Wortbetonungen einzutragen hatte. Ich musste den Ablauf der Proben des folgenden Tages mit dem Betriebsbüro absprechen, manchmal durfte ich auch einen gerade abwesenden Schauspieler auf der Probe vertreten und seinen Text markieren. Dabei vergaß ich sogar den Kummer über meine Lage, die tatsächlich eine verzweifelte war, und steigerte mich in die entsprechende Rolle, etwa die des Verräters Weislingen hinein, sie mir hastig zu eigen machend. Stand sie mir nicht naturgemäß zu, war sie mir nicht auf den Leib geschnitten? War ich nicht der hellere Kopf, eleganter und flexibler als jener Popanz mit dem rollenden R, der sie offiziell inne hatte?

An den Abenden jedoch, besonders an Sonn- und Feiertagen, wagte ich mich kaum aus dem Haus. Meist lag ich benommen im Bett unter der Dachschräge, eingerollt wie ein Kleinkind, das Leinentuch über den Kopf gezogen. Ab und zu blickte ich zum Fenster hin, nur um festzustellen, ob ich mich noch immer in

Wunsiedel befand. Es war derselbe klare Himmel, dasselbe fern-nahe Gebirge, dasselbe dumme Gestirn. Ich musterte das niedrige Regal mit den abgewetzten Jugendbüchern, ohne mir einen Titel einzuprägen, oder ich sah den über die Wand huschenden Schatten und Spinnen zu, Weberknechte mit langen pendelnden Beinen; »Kanker« heißen sie bei Jean Paul in »Dr. Katzenbergers Badereise«. Das Bimmeln des Schrankenwärters und das Vorbei-rattern der Nahverkehrszüge klangen in meinen Ohren wie eine stete Ermahnung, auf- und auszubrechen, diesen Unglücksort augenblicks zu verlassen und nach Hause zurückzufahren, bevor Schlimmeres geschah. Ich hob den Kopf und ließ ihn wieder sinken zu einem kurzen unruhigen Schlaf.

Besonders schwer zu ertragen waren die Sonntage. Tagesaus-flügler aus dem ganzen Frankenland, ausgespien aus Omnibussen, schienen alle Straßen, Plätze und Gasthöfe, selbst Wiesen und Waldwege zu bevölkern, mit Frauen und Kindern, Rucksäcken und knurrenden Hunden. Hinzu kamen die Sommerfrischler aus Westberlin und dem Ruhrgebiet in Wandermontur, lärmend, jodelnd, auch Jugendliche mit dröhnenden Kofferradios waren unterwegs, und wenn ich auf Seitenpfade auswich, waren sie auch schon da und trieben mich vor sich her. Jeder schien sich Mühe zu geben, auf seine Weise die herb-schöne Landschaft zu beschä-digen und zu verletzen. Ich konnte mich in diesen Ort nicht einleben, das wusste ich genau, ich würde mich hier niemals hei-misch fühlen. Und bald verlor ich auch die Hoffnung, meine Menschen zu Hause so wieder zu finden, wie ich sie verlassen hatte. Ich schnipste ständig mit den Fingern, befand mich in dauernder Atemnot. Etwas hatte sich daheim verändert, während ich hier war, sagte ich mir, oder es war gerade dabei, sich zu ver-ändern, ich spürte es unter der Haut, konnte aber nicht eingreifen.

Während die Zeit gemeinhin vorbei saust, ohne dass man, ihr folgend, etwas davon bemerkt, die zweite Monats- oder Lebenshälfte immer noch rascher als die erste, schien sie in Wunsiedel auf der Stelle zu treten und eingerostet zu sein. Sie stand still, und ich konnte und durfte, so sehr ich es wünschte, nicht weglaufen. Ich wollte die Schönheit des kleinen Ortes am langen Gebirge nicht sehen, ich ertrug seine Enge und scheinbare Harmlosigkeit nicht und musste doch ausharren… Noch weniger ertrug ich die subalterne Rolle, die man mich auf und hinter der Bühne zu spielen nötigte, das fortwährende Scheitern meiner Ansprüche. Ich vermisste die badische Universitätsstadt und ihre Diskurse, ich vermisste die Mutter und die Freundin, ich vermisste besonders den Atem der Kunst.

Auch Alexandersbad, ein Kurort, nur wenige Kilometer von Wunsiedel entfernt, kam mir trotz seiner hervorgehobenen Lage am Gebirgsrand so traurig vor, von Fichten umstellt und fast ausschließlich von Alten bevölkert, dass ich nach kurzer Zeit die Flucht ergriff. Wohin ich im Ort auch blickte, ich meinte nur Verfinsterung wahrzunehmen, selbst der Himmel blieb unsichtbar im modrigen Schatten der Tannen. Auf den Parkbänken saßen aufgereiht Blinde, Taube und Kranke, andere steif in Rollstühlen oder wurden an der Hand vorübergeführt. Schwarze Fischteiche und Tümpel als schlammige Rinnsale, an den Rändern in Blasen aufquellend, gärender Sumpf – eine Landschaft, wie um mich zusätzlich zu verhöhnen in meiner Schwermut. Schon nach den ersten Eindrücken machte ich kehrt, ich wandte mich ab von dieser dumpfen grünen Einöde, diesen melancholischen Wassern und Quellen, ihrem unterirdischen Gurgeln, Brodeln und Zischen. Wie einsam es hier im Winter erst sein musste, auf den vereisten abschüssigen Waldwegen, zwischen den tief herabhängenden Fichtenzweigen, meterhoch eingeschneit, eine weiße summende Leere. Der Ort ist einer der frostigsten überhaupt, ein kleines Sibirien. Kein Mensch weit und breit in der blauen Kälte, nur Tierspuren, die Vögel starr und struppig, wie erfroren in den Bäumen, bis unvermutet einer mit einem Schrei aufflattert, worauf wieder Stille eintritt. Und hinter den Glastüren der Heime die lange Reihe verwaister Rollstühle, die auf Kundschaft zu warten scheinen.

Vierundvierzig Jahre später wieder nach Alexandersbad unterwegs, weit ausschreitend im Licht des Mittags, dem herben Wind entgegen, der schräg stehenden Sonne, bis sich im Gehen ein Sog himmelwärts einstellt. Es ist Sonntagnachmittag gegen halb zwei, ich könnte stundenlang so weiter wandern. Zu meinem Erstaunen ist es angenehm ruhig auf den Wegen, obwohl sich neue gigantische Kur- und Sporthotels, Senioren-Residenzen, auch zwei, drei bescheidenere Altenheime das Ortszentrum teilen. Vielleicht sind die Kurgäste gerade beim Mittagessen, werden gefüttert, gewischt, oder beim Mittagsschlaf in den Liegehallen, unter Wolldecken der heilsamen Waldesluft ausgesetzt.

Auch das Markgräfliche Schloss, in elegantem Stil ausgeführt und in frischem Gelb gestrichen, dient als Altenheim. Der Schlosspark dahinter leicht abschüssig. Eine Lindenallee führt auf einen von Säulen getragenen Brunnenpavillon zu, worin ein altes Paar wie in einem grünen Zimmer Hand in Hand beieinander sitzt. Ich setze mich grüßend dazu, packe mein Butterbrot aus. Dunkel und kühl im rauschenden Brunnengewölbe. Lächle den beiden Alten zu, selber ein Alter. So allein heute… Keine Antwort. Eine schwermütige Stimmung, besonders wenn man sowieso schon trübsinnig ist oder krank oder beides und ohne eine erfüllende Arbeit. Die Alten, stumm auf der Sitzbank, blicken immerzu vor sich hin. Woran sie wohl denken? Klagende Vogelrufe von der fast leeren Gartenwirtschaft her. Wandersleute mit Strohhüten und Stöcken im leise knirschenden Kies.

Ich trinke von der immerfort sprudelnden Luisenquelle, indem ich deren Heilwasser mit dem Mund auffange, während die Kurgäste natürlich Trinkgefäße mit sich tragen und sogar Läppchen zum Trockenwischen derselben. Schmeckt delikat und so belebend, dass ich wiederholt an das Quellbecken trete und nach dem trüben Wasserstrahl schnappe, der angeblich 66 Prozent Calcium enthält. So hübsch und ebenmäßig gebaut das gelbe Markgrafenschloss, davor die Rollstühle und diverse Gehhilfen aufgereiht. Jeder will einmal vom Wunderwasser kosten. Ein Hund kackt auf die Kurparkwiese. Zwei uralte Weiblein, beide in Filzschlappen und blauen Schürzenkleidern wie Hausarme oder Küchenmägde aus älterer Zeit, die krummen Beine dick mit Binden umwickelt, Arm in Arm. Stützen sich gegenseitig, um nicht umzufallen. Gestikulieren wie Kinder, wie Marionetten beinahe, streichen einander über Hände und Arme, fassen sich abwechselnd ins Gesicht. Reden überlaut und unverständlich. Moribunde werden im Kreis ihrer Angehörigen vor dem Springbrunnen fotografiert: Abschiedsbesuch, letzte Ausfahrt. Jenseits des engeren Kurbereichs ist kaum jemand zu sehen. Wie ausgestorben die zum Wald führenden Wege.

Doch gegen halb drei, nach dem Ende der Mittagsruhe, strömen immer mehr Alte herbei, Frauen vor allem, einzeln, paarweise, in Gruppen… Bucklige, Hinkende, Windschiefe, aus Hotels, Residenzen und Heimen, auf Krücken, Stöcke und mit Rädern versehene Gehhilfen gestützt. Wo immer man hinschaut, nur alte Leute! Auch die wenigen Jüngeren haben die Haltung von Greisen angenommen und tragen unsichtbare Krücken. Sie alle streben dem gelben Markgrafenschloss zu, humpeln abwärts über Stufen und Rampen, kriechen an Zierbeeten und Brunnenbecken entlang. Eilen vermutlich dem Musikpavillon im Schlosspark entgegen, wo für drei Uhr ein Kurkonzert anberaumt ist. Schon huschen befrackte Musiker mit ihren Instrumenten vorbei. Ich nippe noch einmal am Quellwasser und folge beschwingt dem Bassisten. Der

Pavillon ist bereits zur Hälfte besetzt und voller Gerede. Manche sprechen gedämpft, andere plappern aufgeregt durcheinander; sie kennen sich schon eine Zeit lang, tauschen Neuigkeiten aus, Klatsch, Krankheiten, wieder andere, eher abseits am Rand sitzend, starren vor sich hin, sind allein am Ort, vielleicht erst gestern angekommen und haben noch keinen Anschluss gefunden oder wünschen sich erst mal, mit sich selbst beschäftigt, keinen. Damen mit breiten Hüten darunter, mit Abendroben und langen Brokatkleidern wie aus einem früheren bewegten Gesellschaftsleben.

Das Stimmen der Instrumente ist bis in den hintersten Winkel des Parks zu hören. Paare, oft Hand in Hand, warum so besorgt umeinander? Dunkle, fast schwarze Erde im Schatten der Bäume und Büsche, zusammengepresster Staub, Friedhofsasche, Teichgeruch: ein Verfinsterungsort... Für mich heute eher ein lang anhaltender summender Freuden- und Sommertag. Zwei Frauen reden beruhigend auf eine dritte, leise wimmernde ein, die sich am Ort nicht mehr zurechtfindet: Nur die Ruhe, alles wird gut... Ein Marsch ertönt, ein Walzer aus dem längst versunkenen Operettenland: »Wiener Blut, Wiener Blut...« Gelähmte und Debile werden, um das Eintrittsgeld zu sparen, von ihren Pflegern erst gar nicht in den Zuschauerraum geschoben, sondern in Hörweite der Musik abgestellt. Von der Feldarbeit verkrümmte Landfrauen hocken da wie schrumplige Äpfel auf einem Kellerregal. Brauchen ja auch nichts zu sehen von der Kurkapelle... und hören? Erkennt ihr das Lied von der »schönen blauen Donau« wieder, das gerade erklingt, erinnert es euch an etwas Bestimmtes? An das erste Ballkleid vielleicht, einen besonderen Tanz, einen Strohhut oder einen verlorenen Fächer, an Kakao mit Apfelkuchen oder mit Bienenstich, einen Ausflug? Die besser Gekleideten, wohl Erhaltenen wischen den Sitzplatz ab und breiten obendrein noch ein gefaltetes Stofftaschentuch aus, bevor sie sich setzen und den Programmzettel studieren. Folgen dem Takt der Musik mit den

Fingern, begleiten ihn leicht mit der Hand, den Füßen. Spenden ostentativ anhaltenden Beifall.

Sobald ein paar Regentropfen fallen, werden hier und da Schirme aufgespannt, und Unruhe entsteht unter den Zuhörern, als sei ein Gewitter im Anmarsch. Immer mehr Schirme erscheinen, und nach dem Ende des laufenden Stücks aus dem »Vogelhändler« wird das Konzert abgebrochen. Die Plastikstühle beiseite stoßend, hinkt die ganze Gesellschaft dem Schloss entgegen, als gelte es das Leben, obwohl der Regen schon wieder aufgehört hat, ein sanfter Sommerregen. Auch die Musiker nutzen die Chance und setzen sich ab, die Instrumente schützend im Arm. Haben ihr Honorar wohl vorweg schon erhalten. Wie werden die Alten nun den restlichen Sonntagnachmittag verbringen? Im »Haus des Gastes« bei Kaffee und Kuchen? Im Bäderhaus? Im Moor- und Schlammbad, bei der Massage? Beim Gedächtnis-Training? Im Zimmer allein mit sich selbst und der Leere im Kopf, vor dem Bildschirm? Vielleicht vor einem Film über Königin Luise mit Ruth Leuwerik und Dieter Borsche? Die Sonne scheint ja schon wieder.

Bereits im Gehen, helfe ich einer Frau, die einen gelähmten Mann ein Stück waldaufwärts geschoben hat, den im Schlamm feststeckenden Rollstuhl wieder flott zu machen. Der Karren schlingert wild auf dem Rumpelweg, kippt beinahe um, doch der Kranke scheint nichts davon mitzubekommen. Lächelt er, ausgeplündert, so von allem beraubt, was Leben ausmacht, oder fletscht er nur eine Grimasse? Warum meine ich stets, wenn ich so einem zuschaue, mich selbst zu sehen? Aufrecht, leeren Blicks, sabbert er auf seine Jacke. Die ansteigende Allee führt schnurgerade zur Luisenburg und ist grabentief durchfurcht von Regengüssen. An den schlammigen Rändern Wildschweinspuren; Krähen und Eichelhäher. Eichhörnchen rascheln im Unterholz. Zurückblickend, habe ich das gelbe Markgrafenschloss noch lange vor Augen, wie es sich Schritt für Schritt entfernt und kleiner wird und nun beinahe wie ein Wetterhäuschen aussieht. Fast könnte man es in eine Glaskugel setzen.

Links vom Weg, unter Fichten, ein Waldfriedhof, wo sich die Gräber von Einheimischen und Heiminsassen mischen. Ein Reh setzt in Panik über die Grabstätten hinweg; es hat sich verlaufen, es sucht offenbar nach einem Loch im Zaun oder einem anderen Ausweg. Ab und zu ist das Schrammen und Klacken der Hufe an den steinernen Einfassungen der Gräber zu hören. Ich öffne die Tür zum Friedhof und gehe schnell weiter. Bald folgt ein bräunlicher fischreicher See, ein Teich eher, von Birken gesäumt. Ein Wiesenweg führt zu einer Bootsanlegestelle. Ob dies der Teich ist, in dem ich vor vierundvierzig Jahren mit Siegfried, meinem einzigen Freund hier, ein paar Mal gebadet habe? Er nahm mich im Auto mit, oder wir gingen zu Fuß quer durch den Wald, er kannte die Gegend ja von einem früheren Engagement. Ich war ein Anderer damals, so empfindlich, nicht anzurühren, ein scheues Waldtier. Kaum etwas, das mich noch mit dem Jüngling von 1964 verbindet. Und Siegfried? Was mag aus dem wilden jungen Schauspieler, brennend vor Ehrgeiz, in Israel, wo es ihn hinzog, geworden sein? Ein Krieger, ein Pionier, ein Staatsschauspieler, ein Geschäftsmann? Etwas tiefer liegt ein zweiter, noch dunklerer Weiher und dahinter, halb verdeckt, ein zweistöckiges Holzhaus mit umlaufender Veranda. Geranien am Fenster. Jemand hat Bohnen und Lauch angepflanzt, sogar Tomaten, die im Waldesdunkel nicht reif werden. Wer mag in solcher Abgeschiedenheit leben? Ein Förster vielleicht oder ein Künstler. Vom Zaun her ein unterdrücktes Bellen, das mich zum Weitergehen veranlasst. Junge Leute, die mir entgegenkommen, schnarren »Grüßgott!«, während ältere Paare nur zurückhaltend nicken. Sehen so aus, als hätten sie keine Verpflichtungen, keine ehrgeizigen Wünsche mehr, keine Kämpfe mehr auszufechten mit sich und der Welt und ließen sich hier im Kurbad bis zum Lebensende noch ein wenig verwöhnen…

Bald nach meiner Ankunft in Wunsiedel hatte ich erste Briefe nach Hause geschrieben, in denen ich meiner Enttäuschung über die vorgefundenen Theater-Zumutungen freien Lauf ließ, beredt meine Verlassenheit beklagte, und erwartete nun fast stündlich Antworten der Mutter und der Freundin, Tröstungen, möglichst telegrammschnell. Als die ersehnten Briefe endlich eintrafen, war ich überglücklich, bald jedoch fühlte ich mich noch verzweifelter als zuvor, weil mir Inhalt und Tonfall der Briefe die Unerbittlichkeit der Trennung nur umso deutlicher vor Augen führten. Um mir mein Exil ein wenig erträglicher zu gestalten, bemühte ich mich sofort, die Mutter für zwei, besser gleich drei Wochen nach Wunsiedel zu locken. Ich benötigte, schrieb ich eilig zurück, ihre Anwesenheit, ihre Nähe, Unterstützung und Hilfe, und zwar dringend und so rasch wie möglich, während mit der Freundin längst ausgemacht war, dass sie mich Ende Juli, also zeitlich nach der Mutter, ebenfalls hier aufsuchen würde.

Meine Mutter war in ihrer Jugend nur ein einziges Mal im Ausland, in Holland, gewesen, hatte seit vielen Jahren keine Ferien mehr gemacht und bedurfte folglich der Erholung von der Büroarbeit. Sie gab sich Mühe, mir meine Lage weit günstiger darzustellen, als sie tatsächlich war, und mich zur demütigen Hinnahme von – wie sie meinte – »normalem Pfusch und Mittelmaß« zu bewegen. Ich möge mich doch zusammenreißen, beschwor sie mich, und »bitte nicht an Fortlaufen denken.« Das dürfe ich mir und auch ihr nicht antun: »Lass es eine – doch relativ kurze – Bewährungsprobe sein.« Schon bald würden wir ja wieder zusammenkommen, schrieb sie, Wanderungen ins Neckartal, zum Dilsberg und nach Altenbach unternehmen und in einem schöneren Leben verbunden sein. Ja, sie sei sich sicher, dass ich bereits in nächster Zeit ein mir angemessenes und weiterhelfendes Engagement an einem viel besseren Theater, obendrein in unserer Nachbarschaft – sie erwähnte Darmstadt und Frankfurt – finden würde. Dass ich sie so unbedingt bei mir haben wollte und nach ihrer Nähe verlangte, beglückte sie, dass sie von mir gebraucht wurde, machte sie stolz. Sie fühlte sich unentbehrlich und war sofort entschlossen, zu mir ins finstere Wunsiedel aufzubrechen, wenn ich ihr nur ein bescheidenes Zimmer in einer Pension besorgen würde, was zur Festspielzeit gar nicht so einfach war. Doch dann erhielt sie von ihrer Dienststelle, so kurzfristig und nicht weit von den Sommerferien entfernt, keinen Urlaub, was uns beide in abgründige Trauer zurückwarf.

Ulla, die Freundin, entstammte einer wohlhabenden, hoch angesehenen Juristenfamilie, in der man über Gefühle nicht sprach, es sei denn abschätzig, wie von etwas Lästigem, und seelisches Leiden nur als therapeutisch zu behebende oder aber zu tabuisierende Schwäche ansah. Sie konnte zwar spontan herzlich und voller Zuneigung sein, doch über ihr bisheriges Leben, die Kindheit zumal, äußerte sie sich höchstens in vagen Andeutungen. Über Dritte hatte ich erfahren, dass sie – als schwieriges Kind – über Jahre hin von einem Mädcheninternat in das nächste abgeschoben worden war, zuletzt auf Schloss Salem, und dann in Baden-Baden eine Privatschule besucht hatte, und dass sie, nach dem mühsam erlangten Abitur, für längere Zeit Patientin in einer Schweizer Privatklinik gewesen war. Ich wusste so gut wie nichts über sie und ihre offensichtlich dominanten Eltern, indes sie, durch mein Mitteilungsbedürfnis begünstigt, schon bald nahezu alles über mich wusste.

Sie bewegte sich, so schien es mir jedenfalls, noch am sichersten im Halbdunkel ihrer Dachwohnung im Elternhaus am Professorenweg, das erhöht am Berghang lag und über einen eigenen Aufzug erreichbar war. Sie lebte zwischen alten Möbeln, Teppichen und Bildern aus Familienbesitz, bei Kerzenlicht und leiser Klaviermusik. Stofftiere, darunter ein Äffchen und eine Katze, bewachten das mit beigem Samt bezogene Sofa und das in einer Nische verborgene Bett. Klingelte jemand unten am Tor, reagierte sie nicht, und wenn das Telefon rasselte, nahm sie den Hörer zumindest in meiner Gegenwart nie ab, als fürchtete sie eine unerwartete und unerwünschte Begegnung mit der eigenen Geschichte. Mir war auch aufgefallen, wie schwer es ihr fiel, selbst kleinste Entscheidungen zu treffen, und welche Überwindung es sie angesichts der unterstellten Sinnlosigkeit kostete, einen Tag um den anderen mit Aufstehen, Frühstück, Schwimmbad- oder Vorlesungsbesuch zu beginnen. Wenn ich mich nach Einzelheiten aus ihrer Vergangenheit erkundigte, unverfängliche Fragen zum bisherigen Studienverlauf stellte, mich nach einzelnen Professoren und ihren Eigenarten erkundigte und nur ein wenig nachbohrte, wie es meine Art ist, wurde ihr Blick sofort unsicher und ihre Augen schweiften ab, bevor sie sich lispelnd in eine ironische Bemerkung flüchtete, etwa über das Pferderennen, das sie seit ihrer Zeit in Baden-Baden gelegentlich aufsuchte, oder über die oft kuriosen Namen der Pferde, auf deren Sieg sie gewettet hatte, zu reden begann. Ähnlich irritierten mich ihre Briefe, die mich in Wunsiedel erreichten. Oft geistreich und gedankentief, waren sie in einer kindlich unbeholfenen Schrift verfasst und voller Rechtschreibfehler. Kaum ein Satz, in dessen Verlauf sie nicht in ironisch relativierende Anführungszeichen auswich und in Gedankenstrichen vorzeitig verstummte.

Ich sah Ulla vor mir, ich sehe sie vor mir, ihre feinen Gesichtszüge, ihre elegante, immer ein wenig abgehobene Gestalt mit dem langen blonden Haar, das seitlich und über der Stirn so dicht herabhing, dass es wie ein Sichtschutz gegen die feindliche Spießerwelt wirkte, die sie innig fürchtete und verachtete, ohne viel von ihr zu wissen, da sie vor allem in teuren Internaten gelebt hatte. Sie war stets dezent geschminkt, trug wenige, jedoch wertvolle Schmuckstücke und bevorzugte für ihre Kleidung die Farbe beige in zarten Abstufungen. Der einstige Gassenjunge, der so hybrid war, sich für einen Künstler zu halten, war nicht wenig stolz darauf, diese ungewöhnliche, ja rätselhafte Frau für sich gewonnen zu haben. Dem Abseitssteher gefiel es durchaus, über sie zur guten Gesellschaft Zugang zu finden. Ich brauchte nicht länger am Straßenrand zu warten und zu den diskret erleuchteten Fenstern der hinter Büschen verborgenen Villa emporzuschauen. Ich konnte die meisten Räume betreten, wann immer ich es wünschte, ich wurde von Ullas Mutter sogar zum Essen in ein ihr gemäßes Restaurant, den »Europäischen Hof« eingeladen, ich gehörte ja, dachte ich, gewissermaßen bereits dazu.

Sie könne sich meine Enttäuschung ausmalen, schrieb sie mir in windschiefen kindlichen Lettern nach Wunsiedel, das wehe Gefühl, unerträglichen Theater-Verhältnissen so gänzlich und scheinbar ohne Ausweg, »wie im Internat« ausgeliefert zu sein. Doch werde mich diese Erfahrung in meiner so positiven Einstellung, nämlich der Ablehnung von Mittelmaß und Oberflächlichkeit nicht nur im Theater, bestärken. Gerade im vorübergehenden Scheitern liege meine Chance. Ich würde an Selbstsicherheit wie an gebändigter Radikalität gewinnen und wachsen im Geist, und zwar durch präzise Beobachtung des Geschehens, durch ein »Öffnen aller Sinne.« Denn das sei nun mal meine Aufgabe als Künstler und fast eine Art Auftrag: Ich müsse, schrieb die sonst so Zurückhaltende beschwörend, vor Ort beherzt meine eigene Gegen-Welt aufrichten, meine Sprache, und sehr wahrscheinlich würden meine gesammelten Wahrnehmungen und Gedanken in Zukunft einmal wertvoller sein, zumindest widerständiger und daher weniger überflüssig als das routiniert abrollende Festspielprogramm. Sie erneuerte ihr Versprechen, mich besuchen zu kommen, sobald sie ihr der sommerlichen Hitze wegen verschlepptes Referat über Shakespeares Tragikomödie »Troilus und Cressida«, die auf wahrhaft grausige Weise von Meuchelmord und

Liebesverrat handle, fertig gestellt habe. Wenn Wunsiedel übrigens »von gestern« sei, wie ich im Brief behaupte, und »außerhalb der Zeit« liege, so freue sie sich gerade auf dieses Gestrige, Vergangene und Gewesene, das »Ungleichzeitige« der äußersten Provinz, ja sie spüre den kühlen Hauch von Fichten und Felsen bereits in der Nase – eine Erholung auch angesichts der tropischen Temperaturen im Neckartal.

Ich war unfähig, die Mut machenden Signale aufgreifen und recht zu verstehen, die mir Ullas Brief auf kluge Weise zukommen ließ, und erging mich weiter in Selbstzweifeln und theatralischen Klagen. Was sie nur an mir finde, wollte ich von ihr wissen. Sie solle sich von mir abkehren, beschwor ich sie, die Gelegenheit sei günstig. Ich sei ein Nichtskönner, ein peinlicher Versager, im Bett ebenso wie in der Kunst, auf dem Theater, ob ihr das noch nicht aufgefallen sei... Je größer die räumliche Entfernung zwischen uns werde, schrieb ich weiter, desto bedrohlicher wachse meine Angst, sie, Ulla, gänzlich aus den Augen zu verlieren oder vielmehr aus den ihren verloren zu gehen wie Troilus aus denen Cressidas.

Sie antwortete auf meine, wie sie sagte, »maßlosen Selbstbezichtigungen« zurückhaltend, auf meine Zweifel an ihrer Verlässlichkeit jedoch mit Unverständnis. Sie schien gekränkt, reagierte teils schroff, teils ironisch, ohne meine Ängste wirklich ernst zu nehmen oder gar von den eigenen zu berichten. Wunsiedel sei nun mal eine Herausforderung, die ich annehmen, ein Stück Welt, mit dem ich fertig *werden* müsse, statt mich so erbärmlich gehen und fertig *machen* zu lassen und so beredt und kleingläubig zu jammern, so ganz ohne Haltung, Form und Verschwiegenheit, worauf es doch besonders ankomme, schrieb sie im hohen Ton ihrer Eltern mahnend zu mitternächtlicher Stunde in ihrer erhitzten Dachwohnung am Professorenweg, bevor sie mit der Bemerkung einlenke, das Wort »versagen« existiere zwischen uns eigentlich gar nicht. Wir hätten doch ausgemacht, es durch Begriffe wie

»verstehen« und »sehr gern haben« (sie schrieb nicht »lieben«!) zu ersetzen. Sie beendete den Brief mit der aus ihrem Mund ungewohnt pathetisch klingenden Versicherung: »So kannst Du mich, willst Du es denn, nicht fliehen.« Und in einem Postskriptum kündete sie mir das baldige Eintreffen eines Päckchens an, das Nahrung zu meiner geistigen und körperlichen Auffrischung enthalte.

Nach der Lektüre unternahm ich, Ullas Mitternachtsbrief in der Jackentasche, einen ausgedehnten Spaziergang. Stundenlang trieb es mich über Hügel und Wiesen, an Kornfeldern und Birkenwäldchen entlang, hier und dort, nach einer Schrecksekunde, einen dicht vor mir aufspringenden Feldhasen oder ein junges Rebhuhn verfolgend. Danach setzte ich mich, umgeben von zeltförmig zum Trocknen aufgebauten Getreidegarben und Haufen frischen Heus, auf einen Granitstein und las den Brief so lange von neuem, bis ich die für mich entscheidenden Passagen auswendig konnte. So hell und warm das Mittagslicht über dem Tal, voller Insektengesumm und Sommerfalter, und die Luft so würzig und heilsam. Nein, ich war nicht allein! Gleich morgen würde ich mich um ein Hotelzimmer für Ulla bemühen.

Am Abend begann ich mit der Lektüre von »Dr. Katzenbergers Badereise«, ein Buch, das Ulla mir mit auf die Reise gegeben hatte. Sie selbst hatte darin nur einen einzigen Satz unterstrichen und zusätzlich am Rand mit einem Ausrufezeichen versehen, als drückte er in nuce genau das aus, was ihr an Jean Pauls spätem Roman besonders zusagte, nämlich die Neigung zur Groteske: »Niemand fuhr wohl jemals froher mit Hasen als Katzenberger mit seinen.« Mit »Hasen« war an dieser Stelle ein »Doppel-Hase« gemeint, von der Natur mit zwei Köpfen, vier Ohren und acht Läufen ausgestattet, ein Kuriosum, das Doktor Katzenberger, ein Sonderling, der Spinnen und Maikäfer in rohem Zustand, als

Brotbelag verzehrt, Missgeburten jedoch liebt und sammelt, gerade einem Apotheker abgeluchst hat. In seiner Kutsche davoneilend, drückt er die ausgestopfte Neuerwerbung an sich. Das Anarchische und scharf Satirische dieser Prosa, ihre monströse Kälte, fern aller Moral, trat mir von Sprachspiel zu Sprachspiel schroffer vor Augen und befremdete mich, obwohl ich auch das Heilsame und Befreiende daran ahnte, nicht wenig.

V

Noch nicht lange vor Ort, ein paar Tage erst, und doch schon viel zu lang. Schwere Glieder; ich konnte kaum atmen in meiner engen Küche, wo ich mir manchmal Tee, auch Spaghetti mit Tomatensoße kochte und dann in der Ecke saß und auf die blaue Wachstuch-Tischdecke starrte, in deren labyrinthischem Muster ich mich verstrickte. Eisenbahnpfiffe und Autogeräusche, jäh aufflatternde Vögel. Warme Sommerluft schwappte zum Fenster herein, so vertraute Rosendüfte, ein letztes Lindenwehen. Was sollte ich tun in meiner Erregung? Ich konnte mich weder aufs Lesen noch aufs Schreiben einrichten, musste immerzu aufstehen, umhergehen, ans Fenster treten wie ein Gefangener auf seinem Zellengang.

Ab und zu flüchtete ich mich in die »Eiserne Hand«, eine gut-bürgerliche Gaststätte in der Breiten Straße, wo sich das Personal der Festspiele nach den Proben und allabendlich nach der Vor-stellung bei Schweinebraten mit Klößen und Bier zusammenfand – inzwischen ein heruntergekommenes, mit Gerümpel angefülltes Jugendlokal namens »Volle Breite«. Obwohl ich solche Orte des geselligen Lärms und Klatschs immer verabscheut und soweit wie möglich gemieden habe, fühlte ich mich im Kreis der anderen auf einmal fast ein wenig geborgen, den Abend über am Rand des großen Tischs hockend vor einem einzigen Glas Bier, die Zigaret-te in der Hand. Das Grobschlächtige, stumpfsinnig Rohe meiner Umgebung, das Schwadronieren der Poltermimen in der Garderobe, der Kantine oder eben im Wirtshaus, stieß mich ebenso ab wie es mich, wider Willen, durch gelegentlichen Charme und Wortwitz einzelner Akteure anzog.

Seit der Kindheit mochte ich Wirtshäuser nicht, ich fürchtete sie geradezu, denn ich musste, während ich auf meine Mutter, mit der ich in ihrer Arbeitspause verabredet war, wartete, an solchen Orten Tag für Tag das Mittagessen einnehmen, stets am gleichen verkratzten Tisch zwischen Tresen und Hintertür, im Bier- und Tabakgeruch, der den Raum ausfüllte. Ich hatte die Gestalt des Wirts im Blick, wie er die leeren Biergläser, mit der Öffnung nach unten, in das Wasserbecken tauchte und kurz schüttelte, dann abstellte und abtropfen ließ, um sie alsbald wieder zu füllen unter dem glänzenden Zapfhahn. Das blasse runde Gesicht des Wirts war ohne Ausdruck, während er mit einem Spachtel den Schaum abschöpfte. Mit leerem Blick sah er über mich hinweg, das Kind, das dort allein in der Ecke hockte vor Bratkartoffeln und einer halb rohen Bratwurst, die leicht faulig schmeckte. Ich sah dem überlaufenden Bierschaum zu, den am Glas herab rinnenden Wassertropfen, dem sich drehenden Fliegenfänger unter der rußigen Deckenlampe, und es ekelte mich vor all dem.

Ich konnte auch Witze nicht ausstehen, schon gar nicht solche über Frauen, und vergaß sie sofort wieder. Doch während die Wortführer unter den Bühnenkünstlern nun eine Zote nach der anderen ausschwitzten und Witz um Witz rissen, begleitet vom Gejohle aller, taute ich langsam auf und lauschte den Schnurren. Seit rund fünfzig Jahren, hieß es am Biertisch, ließen die Schauspieler in Wunsiedel uneheliche Kinder zurück, mit den Töchtern und Frauen der Bürger gezeugt, doch habe sich das geistige Niveau der Bevölkerung keineswegs angehoben, was Rückschlüsse auf das Erbgut der Theaterleute erlaube. Ob mir nicht auch schon die Hässlichkeit vieler Einwohner aufgefallen sei, dicke Lippen, schiefe Schultern und Nasen? Allerdings stagniere der Nachwuchs in den letzten Jahren, der vielen neu engagierten Schwulen wegen. Auch mich habe man anfangs, da man nichts von mir gewusst habe, meines gefälligen Äußeren wegen für schwul gehalten, genauer für die letzte Liebe des vorherigen Intendanten, der mit jedem seiner Assistenten ins Bett gegangen sei, aus Verzweiflung über das Verhalten seines Freundes, des Dramatikers Mattias Braun, der ihn regelmäßig mit dem Jugendlichen Helden betrog. So konnte ich mir endlich Friedrich Siems' abgründig leidende Miene auf dem Zeitungsfoto neben der Todesmeldung als die eines gekränkten Liebhabers erklären. Auch die väterlich helfende Rolle, die er mir gegenüber bei unserer einzigen Begegnung in Mannheim sowie in Briefen einzunehmen versuchte, um mich nach Wunsiedel zu locken, fiel mir jetzt auf. Nicht meiner »geistigen Unruhe«, meines angeblichen Talents zum »Nervenschauspieler« wegen, sondern von meiner schlanken Gestalt angezogen, nur um mir bei Gelegenheit an die Wäsche zu gehen, hatte er mich engagiert, und ich war prompt in die Falle getappt.

Noch war der elende Tod von Gustaf Gründgens in der Nacht vom 6. auf den 7. Oktober 1963 ein Theatergespräch. Er sei in einem Männerpuff im tropischen Manila zusammengeschlagen und dann in sein Hotelzimmer gebracht worden, wo er von seinem mitgereisten Geliebten, einem Hamburger Hilfsbeleuchter, tot aufgefunden wurde, hieß es am fränkischen Biertisch. In einem Badezimmer sei er gestorben, verblutet in einem Badezimmer in Manila! Auch von einem hinterlassenen Zettel mit den vieldeutigen Worten: »Lass mich ausschlafen!« war die Rede. Variierten sie nicht ein abgründiges Zitat aus dem »Wallenstein«, die letzen Worte des todgeweihten Feldherrn, die Gründgens selbst auf der Bühne gesprochen hatte… »Ich denke einen langen Schlaf zu tun, / Denn dieser letzten Tage Qual war groß; / Sorgt, dass sie nicht zu zeitig mich erwecken!«

Dass dieser Jahrhundert-Schauspieler, schillernder und gescheiter als alle anderen berühmten Mimen, die ich von fern bewunderte, so erbärmlich im Bordell-Milieu einer in meinen Ohren exotisch klingenden Stadt wie Manila auf den Philippinen verendet war, wo ihn niemand kannte, war nicht leicht zu begreifen. Ein »Glühwürmchen« nannte ihn schon Thomas Mann, für kurze Zeit sein Schwiegervater. Solange er auf seinem Theater brillierte und herrschte als Patriarch, solange er spielte und inszenierte, war er für Tod und Teufel, mit denen er ständig kokettierte, unerreichbar. Seine letzte Rolle war der vereinsamte König Philipp im »Don Carlos« gewesen, den er gegenüber dem Illuminaten Posa und dessen Umsturzideen ins Recht gesetzt hatte. Kaum hatte er den Schutzraum der Bühne und ihrer Kulissen verlassen und war in die unreine Alltagsluft und in das Menschengewimmel Ostasiens eingetaucht, um »endlich zu leben«, wie er hoffte, erwies er sich als nicht überlebensfähig. Fern vom Theater, auf Weltreise, mit neuen Zähnen und Anzügen ausgestattet, erschlug ihn schon am ersten Abend irgendein Strichjunge, der gewiss nicht ahnte, wen er vor sich hatte: Einen wahren Könner und Meister, der die Stücke der Klassiker, den »Faust« zumal, unter welchem Regime auch immer, ins Zeitlos-Gültige entrückte; einen strengen Szenenkünstler und Sprachbewahrer, äonenweit vom gegenwärtig herrschenden Spaßtheater entfernt, das auch mit dem seinigen so gut wie nichts mehr verbindet.

Getratscht und gelästert wurde am Kneipentisch in der »Eisernen Hand« über jeden, der nur ein wenig von der Norm abwich. Beispielsweise über Siegfried, diesen jungen, blendend aussehenden Schauspieler, der sich im Wirtshaus nie sehen ließ. Es hieß von ihm, er habe in Wunsiedel in drei aufeinander folgenden Jahren drei uneheliche Kinder bei drei verschiedenen Frauen hinterlassen und hause nun mit einer über Fünfzigjährigen zusammen, die seine Mutter sein könnte, was jedoch bei einem Juden wie ihm nichts Ungewöhnliches sei. Ich erkannte in ihm sofort einen Verwandten im Geist und suchte seine Nähe und seine Freundschaft zu gewinnen.

Eher raunend, in Andeutungen, geriet eine ältere Frau aus dem Ort ins Gerede, die als Statistin bei den Festspielen mitwirkte und immer akkurat in einem blauweißen Dirndl und zum Kranz geflochtenen Zöpfen auftrat, ausgestattet mit einer fast demütigen Freundlichkeit, ja Anhänglichkeit an sämtliche Schauspieler. Sie redete sie schwärmerisch wie ein junges Mädchen an, bat mit niedergeschlagenen Augen um ein Autogramm, lächelte dankbar. Ihr Mann, so hieß es, sei bei Eger im nahen Sudentenland vor ihren Augen von russischen Soldaten totgeschlagen und sie darauf von einer ganzen Garnison wochenlang vergewaltigt worden. Dabei müsse etwas in ihr zersprungen sein. Sie sei verwirrt im Kopf, mache auf unschuldiges junges Mädchen, steif und ein wenig kokett im Tanzschritt die peinlich sauberen Trachtenröcke schwenkend. Von der Scheinwelt des Theaters ergriffen, spiele sie jedem, der es wünsche, mit Kinderstimme die erste Elfe aus dem »Sommernachtstraum« vor. Auch das traumwandelnde Käthchen von Heilbronn, Sätze wie »Weiß nit, mein hoher Herr…«, habe sie im Repertoire.

Schauspieler, auch die etwas klügeren unter ihnen, sind krankhaft eitel. Ständig erwarten sie, gesehen und bewundert und gelobt zu werden, und zwar von allen, auch von ganz inkompetenten Leuten und sogar auf die plumpste Weise. Jedes Lob macht sie glücklich, es stabilisiert sie für kurze Zeit, so dass sie ihre innere Unsicherheit vergessen, ihre Ortlosigkeit. Noch die einfältigste Besprechung in der Lokalpresse beglückt sie, wenn sie nur irgendwie positiv klingt, sie tragen Sätze daraus vor und lernen sie auswendig. Unterlässt man es, aus welchen Gründen auch immer, sie ausführlich für eine Darstellung zu loben, sind sie sofort beleidigt, weil sie hinter allem und jedem eine Kritik vermuten, selbst hinter dem Schweigen.

Wahrscheinlich sind alle Künstler, oft bis zur Charakterlosigkeit, egozentrisch, sie müssen es wohl auch sein, um sich zu behaupten mit ihren Prosastücken und Gedichten, um Anerkennung zu finden mit ihren Skulpturen, Bildern und Filmen, die zunächst niemand haben will und für die sich keiner interessiert – allein die Schauspieler, die ja kein »Werk« hinterlassen, vielmehr ganz dem flüchtigen Augenblick und damit dem raschen Vergessen ausgeliefert sind, exponieren sich in besonderem Maß. Von meinem Eckplatz am Wirtshaustisch beobachtete ich die Theatermenschen. Sie erschienen mir als krakeelende Spießbürger, als oberflächlich renommierende Kasperl-Figuren mit geringer Substanz, die mehr als andere zum übertreibenden Getue neigten. Da waren die schon etwas Älteren, harmlos Gemütlichen, die auch einen anderen, solideren Beruf hätten ausüben können, Kneipenwirt oder Gemüsehändler, und – jedes Risiko meidend – auf die Rente warteten. Sodann die Ehrgeizlinge, die dem Wirtshaus sonst, zu Hause, fern blieben und sich rar machten, doch hier, gleichsam in Ferienlaune, die Nähe des Intendanten suchten. Schließlich die Intriganten, die Zotenreißer, Rampenschweine und Kantinenhokker, die sich für nichts anderes als fürs Kartenspiel, fürs Ficken und Saufen zu interessieren schienen und noch in der Mönchskutte und im Bischofsornat, zwischen zwei Auftritten, ihre Witze zum Besten gaben.

Manche waren durchaus liebenswürdig und liebenswert, aber so leicht wie die übrigen durchschaubar, auf rasche Wirkung bedacht und auf einfältige Art eitel; in ihrer Zuneigung schwankend, mal für den, mal für jenen entflammt. Wer immer ihnen attraktive Rollen versprach, war ihr bester Freund, und wer gerade die Macht innehatte, dem waren sie zu folgen bereit. Sie waren mangelhaft gebildet und ausgebildet, nie zu sich selbst, ständig zu anderen Figuren unterwegs, fremden Gefühlen, Worten, Gesten, Biographien, nie also bei sich selbst daheim. Sie waren ohne geistigen Mittelpunkt, wirren Impulsen folgend, an Zusammenhängen aller Art desinteressiert.

Selbst diejenigen, die sich für unbürgerlich hielten und öffentlich auch so gaben und exzentrisch kleideten, der Bohème zugeneigt, erwiesen sich bald als Anpasser und Mitbrüller. Ihre Opposition, wenn es überhaupt je soweit kam, glich mehr einem Gezeter, und sie entzündete sich auch fast nie an einem wirklich wichtigen Gegenstand, einer Stück- und Weltdeutung, sondern an etwas völlig Nebensächlichem, etwa verletzter Eitelkeit, Neid auf einen angeblich besser positionierten Mitspieler, einer fehlenden Requisite bei einer Probe, einem zu matten Licht, das auf sie geworfen wurde. Hochfliegende Gedanken kannten sie nicht, fundamentale Kritik war ihnen fremd, ja sie fürchteten nichts mehr als sie und bettelten um Zustimmung. Kluge Sätze aus ihrem Mund erwiesen sich meist als Zitate, als Weltläufigkeit oder Tiefsinn vortäuschendes Geplapper, brav auswendig gelernt. *Werde erst mal zwanzig Jahre älter*, so lautete ihre zu Hinnahme und Resignation auffordernde Dauerparole. Pass nur auf, sagten sie ständig zu mir, in wenigen Jahren wirst auch du im Bühnenalltag klein beigeben und vernünftig geworden sein, also auch keine ursächlichen Einsprüche mehr formulieren. Du wirst die Unerbittlichkeit der Gedanken und das Utopische, das dich jetzt noch umgibt, verloren haben und dich ins Gewohnte schicken wie wir alle, wirst mithin auch vor und erst recht nach der Premiere nicht mehr versuchen, über die Qualität einer Inszenierung zu debattieren, weil daran sowieso nichts zu ändern ist – so etwa der Wunsiedeler Dramaturg, der später eine Schauspielschule leitete.

Schon immer sind die Theaterleute für ihre Geistferne und ihre Denkfaulheit bekannt gewesen. Bereits Gottsched und die unter dem Namen »Neuberin« bekannte Prinzipalin haben sich darüber beklagt, auch Lessing in seiner »Hamburgischen Dramaturgie«, Goethe im »Wilhelm Meister«. Schiller spricht von der »reizbaren Menschenklasse« der Schauspieler, die sich nur nachlässig den Text aneignen und dann hemmungslos improvisieren. Sie seien nun mal traditionell der Ansicht, dass ein Stück den Schauspielern zu dienen habe und nicht umgekehrt und hätten ihm so seine »Luise Millerin« verhunzt. Doch schien es mir nun in Wunsiedel so, als hätte sich diese Verwahrlosung in der Zwischenzeit noch gesteigert, das Großsprecherische in der Garderobe, das Maulheldentum in der Kantine, der gleichsam schweißtriefende Stallgeruch der Beschränktheit in allen Theaterbereichen. Selbstgefälligkeit und Jasagerei, geschäftiger Lärm, die Neigung zu Fensterreden und rüden Handlungen befanden sich jedenfalls im Vormarsch. Es waren einfach lächerliche Gestalten, die mich mit ihren dröhnenden oder krächzenden Organen umtönten, krumme Figuren, die von einem Engagement zum nächsten hinkten, etwa von Rendsburg über Paderborn nach Hof oder umgekehrt, windschief, mit roten Köpfen, dem raschen Verglühen ausgesetzt. Dabei ging es ihnen materiell besser denn je. Sie waren gewerkschaftlich organisiert und peinlich auf das Einhalten der vertraglich zugesicherten Ruhezeiten bedacht. Die damit verbundene Unfreiheit störte sie nicht; sie wollten keine Freien Künstler sein. Einige brachten ihre Hunde mit in die Garderobe. Ständig stolperte man über sie und ihre Fressnäpfe, und die Luft war voller Tierhaare.

Der Schauspieler, sagte mir damals Siegfried, selbst ein Außenseiter und mein einziger Freund vor Ort, der es wissen musste, weil nicht nur er, sondern auch seine Eltern am Theater gearbeitet hatten und er quasi im Theater aufgewachsen war… der gewöhnliche Schauspieler führe eine durch und durch bewusstlose Existenz. Man müsse ihm nur einmal zuhören. Er rede, selbst wenn er immer nur Wasserträger und Wurzenspieler sei, auf der Bühne wie auch im so genannten Leben gestelzt, mit unnatürlicher Diktion, und er bewege sich ebenso unnatürlich. Besonders die Freilichtbühne verführe ihn zur Vergröberung, ja zur Anmache des Publikums, doch ebenso die immer schamlosere Radio-Werbung, an der er bedenkenlos mitwirke. Er plustere sich also auf, begierig, ja süchtig nach Applaus, gebe seinem Affen Zucker und befinde sich doch längst im Zustand der Amnesie. Er schnarre und schnaube, wimmere erbärmlich, reiße dazu die Augen überweit auf, sehe jedoch rein gar nichts. Von der Schauspiel*kunst*, die mit geistiger Anstrengung zu tun habe, Besessenheit für die Sache, Hingabe und Genauigkeit verlange, wisse er nichts – ein Flachkopf mit schlechtem Geschmack. Die Schauspiellehrer hätten ihn verzogen, die Regisseure aber versaut. Er stehe auf der Bühne, Auge in Auge mit dem Publikum, so Siegfried, und nichts gehe von ihm aus, kein Funke Lichts, überhaupt nichts springe über. Doch er lächle geschmeichelt, er täusche und lüge, wo immer es möglich sei, und verrate jeden für ein schmales Lob, er sei der geborene Verkäufer. Sein Mund öffne und schließe sich, er gestikuliere, spucke irgendwelche, ihm gleichgültige Sätze aus und sei doch eigentlich gar nicht vorhanden. Er beziehe jede noch so belanglose Bemerkung in seiner Umgebung auf sich. Die Statisten behandle er von oben herab, sofern er sie überhaupt wahrnehme, den Garderobier schikaniere er zeternd wegen einer nicht gebügelten Hose, doch schon beim Maskenbildner biedere er sich an. Der gewöhnliche Schauspieler fürchte und verachte die Intellektuellen, zu welchen er – häufig zu Unrecht – Dramaturgen und Regieassistenten zähle, deren Stückdeutungen und vervielfältigte Handreichungen ihn anödeten. Aber er führe, so Siegfried weiter, auf der Bühne die unsinnigsten Anweisungen aus, spreche seinen Text aus absurden und entwürdigenden Positionen (nackt, beim

Kopulieren, auf dem Klo hockend, auf dem Kopf stehend, durch Schlamm kriechend), sofern es ihm nur ein Regisseur befehle. Ja er sei der geborene Befehlsempfänger. John Wayne sei sicher kein in unserem Sinn ausgebildeter Schauspieler gewesen, aber er war schon verdammt gut, wenn er einfach nur breitbeinig dastand, so Siegfried. Oder James Dean. Oder der rasende Klaus Kinski... Sobald sie auf der Leinwand erschienen, musste man hinschauen, man konnte sich ihrer Gegenwart nicht entziehen. Sie brauchten fast nichts zu sagen, doch wir konnten den Blick nicht von ihnen abwenden, so präsent waren sie. In dem Western »Der letzte Scharfschütze« liege John Wayne am Ende, von Kugeln durchsiebt und fast schon tot, neben dem Tresen, doch sein Auge glänze. Man sehe seine Hand, der der Revolver entgleitet, das aus seinem Rücken hervorquellende Blut, aber er lebe weiter, die plötzliche Stille im Saloon lebe fort in unserer Erinnerung.

Ein in der bei uns vorherrschenden Art ausgebildeter Schauspieler sei dagegen ein Verbildeter, Verhunzter. Überall, selbst in abgelegenen Orten, bieten Privatlehrer ihre Dienste an, meist handle es sich um ehemalige oder noch aktive Mimen und Sänger, die sich etwas hinzuverdienen wollten, notdürftig ausgestattet mit ein paar amateur-psychologischen Leitsätzen. Dilettanten und Stümper lauerten jungen Menschen auf, die glaubten, Schauspieler werden zu müssen, und beuteten ihren Idealismus aus. Hätten die Schüler wirklich Talent, so Siegfried damals in Wunsiedel, würde es ihnen durch stumpfsinnige Übungen fast ausgetrieben, hätten sie jedoch kein oder nur wenig Talent, würde versucht, sie mit Schmeicheleien und Hokuspokus bei der Stange zu halten, bis ihnen nach zwei, drei Jahren, am Ende dieser so genannten Ausbildung, klar würde, dass sie den falschen Weg gegangen sind und überhaupt keine oder nur eine schmale, nicht ausreichende Begabung zu Bühnenkunst besitzen. Sie sind verzweifelt, sie sind in eine Falle gelaufen und finden oft nicht mehr heraus. Soweit Siegfried.

So erlernte auch ich bei einer geschäftstüchtigen Prinzipalin, einer ehemaligen Altistin am Heidelberger Stadttheater, die aber auch im Schauspiel als Iphigenie und Elektra aufgetreten war, das bühnengemäß richtige Sprechen mit Hilfe des Kleinen wie des Großen »Hey«, ein steinaltes Lehrbuch, das sich im Untertitel »Die Kunst des Sprechens« nannte. Über Stunden, Tage und Wochen schleuderte ich in meinem Zimmer Laute, Silben, Wörter und Sätze hervor, sie immer neu, bis zur völligen Erschöpfung wiederholend, mal laut mal leise, mal geschrieen mal geflüstert, mal hoch mal tief, mal schnell mal langsam aufgesagt. Die Vokale zuerst, die hellen (a, ä, e, i), die dunklen (o, ö, ü, u), sodann die Konsonanten: die Klinger (l, n, m, r, w, j), die Reibelaute (vorderes ch, s, z, sch, f, v, pf), die Verschlusslaute (k, ck, g, q, hinteres ch, h, d, t, b, p)… Mein Brustkorb tönte (»Abraham a Sancta Clara«), ich summte auf *einer* Tonhöhe (»Unter dunklen Uferulmen«), ich atmete, so gut es eben ging, mit Lunge und Zwerchfell. Du musst riechen! rief die Meisterin, erhob sich von ihrem Diwan und schlingerte mit vorgeschobenem Unterkiefer auf mich zu. Abstützen musst du! Abwerfen! Jó! Jó! Sie schob mir die Hand in den Hosenbund, um die Härte des Zwerchfells zu überprüfen. Über Monate und Jahre ging ich im Zimmer umher und bemühte mich um ein reines »s«, suchte deswegen sogar einen Kieferchirurgen auf, der mir sogleich die Zähne korrigieren wollte. Ich machte zur Schulung der Artikulationsfähigkeit meine Lippen geschmeidig, indem ich so geschwind wie möglich »mamemimomu« oder »blablebliblobu« hersagte. Ich rezitierte Gedichte von Schiller und Goethe, Eichendorff und Rilke in einem feierlichen Zuckerbäckerton. Ich seufzte, ich hauchte, ich brüllte Verse von Villon und Rimbaud im Wald, nachts auf Parkbänken und in meinem Zimmer bei offenem Fenster in Klaus Kinskis extremer Manier. Jeder, der gerade des Weges kam, konnte mich hören, jeder sollte es wissen, dass ich ein Künstler, ein Schauspieler und Rezitator, ein Dichter fast war, ein auf besondere Weise am Dasein leidender Mensch, ja die ganze ahnungslose Welt sollte es sich gefälligst merken.

Zu Beginn meiner zweiten Woche in Wunsiedel bat mich der Intendant zu einem vertraulichen Abendgespräch in den »Kronprinz von Bayern«, und ich nahm seine Einladung, schon um der Einsamkeit im Dachzimmer zu entkommen, nicht ungern an. Ich hungerte nach gutem Essen und Gesprächen. Dabei bestätigten sich meine anfänglichen Vermutungen, denn der Intendant erwies sich als zwar kluger und sensibler, aber auch resignierender Kopf, von dem wenig zu lernen war. Er merke, behauptete er, wehmütig lächelnd, während er sich mit mir unterhalte, wie alt er geworden sei. Er würde ja liebend gern »geistiges Theater« machen, wie ich es von ihm erwarte, doch das sei weder hier in Wunsiedel möglich, noch an all den anderen Orten, wo er Intendant gewesen sei (er erwähnte die Städtischen Bühnen von Oldenburg, Osnabrück, Oberhausen), angebracht gewesen. Zudem seien die Probenzeiten viel zu knapp bemessen, die Politiker und Funktionäre misstrauisch bis übelwollend und vor allem die Schauspieler zu unbeweglich in ihrem Denken. Früher, in seiner Wiener Zeit als Dramaturg am Burgtheater, habe auch er auf ein anderes, lebendiges Theater gehofft und dafür gearbeitet, er habe damals verschüttete Dramen wieder entdeckt und für die Bühne bearbeitet und sogar Essays über Lessing und über Fürst Pückler und ein Buch über die Zukunft des Theaters geschrieben, doch heute sei das Thema für ihn erledigt. Ein Theater, das der Literatur dienen wolle, sie ehre und liebe, sei gänzlich ausgestorben und den Regisseuren nur ein Gelächter wert. Der Geistfeindlichkeit der Theatermacher entspreche die wachsende Literaturferne des Publikums, das – zumal hier in der Provinz und unter freiem Himmel – nach nichts als Unterhaltung, nach Spuk und plumpen Späßen verlange. Wer heute »Theater als Kunst« machen wolle, sagte der Intendant mit zuckenden Mundwinkeln, hinter Brillengläsern versteckt, müsse wie die frühen Christen in die Katakomben gehen, tief unter die Erde, und dort mit wenigen Erleuchteten an einer ebenso kargen wie ernsthaften Erneuerung arbeiten; er müsse die ursprünglichen Spielformen wieder entdecken, das kultische Erbe, die archaischen Rituale... Fassen Sie Ihren Aufenthalt in Wunsiedel als Stipendium auf, nutzen Sie die Zeit! Schreiben Sie meinetwegen etwas Kritisches, sagte er, oder etwas Aggressives, und seine grauen Augen blinzelten abwesend. Gehen Sie dann an eine bedeutende Bühne, nach München, Hamburg oder Berlin (er nannte die Theaterleiter August Everding, Oscar Fritz Schuh und Boleslaw Barlog, die mir bereits abgesagt hatten). Legen Sie sich nicht fest, suchen Sie Ihren eigenen Weg...

Der Intendant war ein schwacher Herr ohne rechte Überzeugungskraft, ein sichtlich gebrochener, wenngleich nicht uneitler und daher nicht ungefährlicher Provinzfürst, der sich jede ihm zugefügte Kränkung einzuprägen schien. Ich wollte ihn nicht verstehen, wollte den feuchten Glanz in seinen Augen nicht sehen, wollte nicht Zeuge oder gar Komplize seiner Schwäche sein, vielleicht weil sie mich an meine eigene Hinfälligkeit erinnerte. In jugendlicher Unbedenklichkeit suchte ich nach einer starken Vaterfigur, nach einem Theatermann, der mir seine Leidenschaft für die gemeinsame Sache vorlebte, der sich reinkniete und mich mitzog. Ich provozierte den Intendanten, um ihn aufzurütteln, mit rigorosen Urteilen über die Unarten des Theaters, denen er wenig entgegenzusetzen hatte. Es war mit Händen zu greifen, dass er jede Menge Kompromisse eingegangen war. Er hatte auch in der Nazizeit am Burgtheater mitgemischt und kompromittierende Sätze für die Programmhefte geschrieben, wahrscheinlich war sein ganzes Leben ein einziger fauler Kompromiss, daher sein schlechtes Gewissen mir, dem jungen, sich schuldlos wähnenden

Intellektuellen gegenüber, was ich natürlich bemerkte und zu attackieren verstand. Er hatte sich auf einer mittleren Theaterebene arrangiert und Machtpositionen in der Provinz erobert, die er wie selbstverständlich verteidigte, auch und gerade gegen mich und meine Ansprüche. Er hatte sich eingerichtet im – wie ich meinte – Falschen, Unwahren des Stadttheaters, er wollte sich nicht »weiterentwickeln« und sich von mir nicht verunsichern lassen. Wunsiedel war eine fette Pfründe, die es zu bewahren und zu vermehren galt. Schon in meiner Bearbeitung des »Götz von Berlichingen« sah er eine Erinnerung an die eigenen unruhigen Träume und damit eine Bedrohung, mehr noch in meinen unbedachten Worten und Gesten. In seinen Augen war ich ein Unduldsamer, Überarroganter, jugendlich Aufsässiger, ein Jakobiner (er bedachte meine Schwäche und Unsicherheit, ja Hilflosigkeit nicht genügend), weil ich seine Art der Halbherzigkeit, der Gedankenlosigkeit und des Zynismus in der Kunst nicht hinnehmen wollte und fast allergisch, mit körperlichen Symptomen, auf sie reagierte.

VI

Wunsiedel ist eigentlich eine Stadt der Brunnen, schrieb ich im Sommer 1964 nach Hause. Wichtiger als die Luisenburg und das Naturtheater, bedeutsamer selbst als die Ortsheiligen Jean Paul und Carl Ludwig Sand, sind für Wunsiedel die zahlreichen Quellen und Brunnen, denn sie verknüpfen und bündeln unter- wie überirdisch die Wege und stehen buchstäblich im Zentrum der kleinen Stadt. Haben ihre Geheimnisse, ihre besonderen Geister. Plätschern nachts unbemerkt vor sich hin und reden leise mit sich selbst. Auch bei Tag oft menschenleer die Plätze, doch stets vom Wassergeräusch und vom Lindenduft belebt. Und man hat überall Gelegenheit, aus fließenden Brunnen zu trinken.

Alljährlich am Samstag vor dem 24. Juni, dem Johannistag, feiern die Einheimischen das Brunnenfest. Die jeweiligen Anwohnerinnen bilden eine Brunnengemeinschaft und treten in Wettstreit mit den anderen Gemeinschaften. In Erinnerung an den Tag, da es vor über zwei Jahrhunderten nach langer Dürre wieder Wasser gab, schmücken die Frauen alle 23 Brunnen des Städtchens mit bunten Mustern aus Blumen, Blättern, Moos, Farnen und Fichtenzweigen, mit labyrinthischen Blütenornamenten, Tierkreiszeichen, Jahreszahlen, Stadt- und Landeswappen, sie hängen Lampions und Blumenkränze in die nächsten Bäume, sogar die elegant geschwungenen Brunnenrohre werden mit Moos dicht umwickelt, und Kerzen, die auf Seerosenblättern befestigt die Wasserfläche befahren, erleuchten mit ihren Flammenzungen die abendliche Szenerie – ein magisches, in heidnischen Bräuchen wurzelndes Ritual; denn einst glaubte man, es sei möglich, auf solche Weise, mit geopferten frischen Blumen, die Geister der Quellen und sonstigen Gewässer günstig zu stimmen. Blütengebilde zieren auch die Brunnensäulen und das Umfeld der Brunnenschalen. Und das festlich gekleidete Publikum wandelt nun, von Fahnenträgern, Musikanten und Sängern in Trachten begleitet, am Marktplatz beginnend, von einem Brunnen zum nächsten durch die glitzernde Sommernacht. Sämtliche Brunnen werden aufgesucht, begutachtet und besungen – gewiss ein Kuriosum, schrieb ich der Mutter, und mein bisher schönstes theatralisches Erlebnis hier, genauer: das einzige schöne.

Mich erinnerte der Brauch an das Fronleichnamsfest in meiner Heimatstadt, besonders an den langen Abend davor. Schwülwarme Luft in den Gassen, auch der Asphalt noch warm und die Sandsteinmauer, wo die Katze sich räkelt, am wärmsten. Dazu diese betäubenden Duftschwaden, mal vom Tal, mal vom Berg her, streng der Holunder und süß der Jasmin, die Rosen und Pfingstrosen. Wasser rinnt über den Weg, wir laufen immer wieder hindurch, unsere nackten Füße im seichten Nass, das von einem defekten Gartenschlauch herrührt; ein Glücksgefühl. Die Amseln jubilieren im Hintergrund ohne Pause. Unterm dichten Laub hervor klingen ihre Stimmen umso kräftiger, je näher die Dämmerung heranrückt, als verabschiedeten sie sich vom Tag, der so unwirklich schön war und nun schon etwas verblasst ist mit seinen Farben und Gerüchen. Kein Auto zu sehen, kein Motorrad, die Straße ist leer, weit und breit kein Lärm und für den Augenblick auch keine Müdigkeit, keine Schwermut, kein Nasenbluten… Die Gartenerde betastet, mit dem porösen Schlauch die holprigen Stämme der Obstbäume abgespritzt, dabei auch die noch unreifen Johannisbeeren, Brombeeren, Himbeeren bewässert sowie das Beet mit den Küchenkräutern. Die Katze duckt sich und huscht unter dem Wasserstrahl hindurch zum Hühnerstall. Eine Drossel schreit, auffliegend, dem Festtag entgegen.

Nun kommt etwas Wind auf, ein Brausen im Laub. Ob ein Gewitter naht, ein kurzes Sommergewitter? Vielleicht die Ameisen befragen oder das Bienenorakel... So streng der Duft des Sommerflieders, so beharrlich die Schmetterlinge, die aus ihm aufsteigen. Der Himmel noch immer mattblau, von Schleierwolken befahren. Vor wenigen Tagen, zum Pfingstfest, zogen kompakte Kumuluswolken gleich vollgestopften Kopfkissen an der Sonne vorbei, und der Himmel war tintenblau. An verschiedenen Stellen im Viertel, vor dem katholischen Gemeindehaus, dem St. Josephs-Krankenhaus und dem Ordenshaus der Barmherzigen Schwestern des heiligen Vinzenz von Paul, errichten fromme Helfer Altäre aus weiß gestrichenem Holz, die wie große Küchenschränke aussehen, sie hissen weißgelbe Fahnen, rollen rote Teppiche aus, während Frauen und Mädchen sie mit leuchtenden Blütenmustern umspielen. Alle Rosenfarben finden Verwendung, eingebettet in das helle Grün der Buchenblätter und Farne und das dunkle Fell der Tannennadeln: Alpha und Omega. Mückentänze; die ersten Libellen, doppelt geflügelt verharren sie in der Luft auf der Stelle, mit zuckendem Hinterleib. Wie sich die Hummeln in die Pfingstrosen drängen. Die Erdbeeren sind reif, bald auch die Kirschen. Helfer tragen frische Baumäste herbei, noch zu weihende junge Birken mit durchsichtiger Haut, und stellen sie in Wasserkübeln neben dem Altar auf. So warm die Abendsonne noch immer auf meinem Haar, meiner Haut, so anhaltend laut das Vogelgespräch. War nicht gerade erst März, erst Frühlingsbeginn? Und nun bereits Ende Mai, bald Juni, bald die Sommersonnwende, und dann das Jahr fast schon wieder vorbei und auch die Vögel schon wieder verstummt, Mitte Juli spätestens, im Nachsommer, ohne dass ich die Himmelsprache recht wahrnahm, obwohl ich mir doch so viel Mühe gegeben habe, um ja nichts zu übersehen.

Siehst du das Wasser im Regenbottich am Ende des Gartenwegs, es schwappt in allen Farben. Hörst du das Flattern der Jungvögel, die Schreie der Krähen, den das Plumpsklo umschwirrenden Fliegenschwarm? Jemand schlägt hinterm Vorhang auf dem Klavier ständig die gleiche traurige Tonfolge an, jemand hackt dazu im Schuppen Holz. Im Gebüsch ein verlassenes Vogelnest mit drei grünen Eiern. Die durchscheinenden Blütenblätter des roten Mohns, daneben das Blau des Vergißmeinnicht und das ganz andere Blau des Salbei und der Glockenblumen. Die Hühner, träge im Staub, schütteln das Gefieder. Ich renne barfuss nach Hause mit einem Dreckmuster auf den nackten Beinen. Im Baumschatten Glühwürmchen, auch Johanniskäfer genannt, ihr sparsames grünliches Zauberlicht unter den Zweigen.

Fronleichnamstag. Glockengeläut, ein anhaltendes Dröhnen von St. Bonifaz her. Morgenlicht fällt durch die Ritzen des Vorhangs in meine Schlaftrunkenheit, fromme Gesänge ziehen dicht an meinem Fenster vorbei, begleitet von Musik, der Posaunenchor, dazu Weihrauch in Schwaden, auch Jasmin, der Weihrauch der Heiden, dringt in meine Kammer, in mein Hirn und Herz. *Lasset den Herren uns loben.* Schon am Vorabend wurden das öffentliche Klohaus und das Markthaus verriegelt, Bettler und Suppenempfänger von der Arme-Sünder-Bank vor dem St. Josephshaus verjagt… Ich sehe die weißen und schwarzen Gewänder der Messdiener, die roten und grünen der Geistlichen um einen goldenen Baldachin geschart, unter dem die in Gold gekleideten Priester mit dem Leib des Herren, der sich in einer spiegelnden Hostien-Monstranz befindet, wie Könige einherschreiten, wie Theaterkönige, gefolgt von den Kirchenältesten mit gefalteten Händen, den Nonnen und Mönchen, den katholischen Studenten in festlichem Blau und Weiß, den Jungen und

Mädchen, die von einem Schäfer in schwarzen Anzügen und schneeweißen Kleidern zur Ersten Kommunion geführt werden. Die kleinen Schafe gehen an den Gläubigen, die die Straßen säumen, seltsam bleich, wie Wachspuppen, mit Kerzen und niedergeschlagenen Opferblicken vorbei, *Er ist mein Trost*, während die Priester mal singen, mal lateinische Wörter brabbeln, *mea culpa, mea maxima culpa*, und vor den Altären niederknien, auf den Blütenteppichen, inbrünstig die Hostie küssend. Schweißperlen rinnen dem Oberpriester unter der goldenen Haube hervor über Stirn und grobes Bauerngesicht. *Wenn auch der Teufel droht* singen die Engel mit Jasminstimmen vom Garten Eden herüber, Weihrauchgefäße und silberne Schellen schwenkend… Ein beinloser Krüppel begleitet auf einem quietschenden Holzwägelchen, sich mit den Armen abstoßend, den Baldachin.

So singend und betend bewegt sich der festliche Zug, Männer und Frauen getrennt, langsam durch den sonnigen Vormittag von Altar zu Altar, der ebenmäßigen Sandstein-Fassade der Bonifatiuskirche entgegen. Sobald er den Platz vor der Kirche erreicht hat, schwillt der Gesang mächtig an, als mobilisierten die Singenden ihre letzten Kräfte. *Vor dir neigt die Erde sich*. Orgelklänge wehen aus dem offenen Portal, man meint, ein ganzes Orchester zu hören. Die Gläubigen drängen erschöpft in den dämmrigen Raum, wo es angenehm kühl ist, sitzen oder knien, betäubt vom Duft der Lilien und des brennenden Weihrauchs, schwer atmend auf den Kirchenbänken. Schnappen nach Gottesluft, Engelsbrot. Die goldenen Priester gehen umher und verteilen wie in Trance murmelnd den Leib Christi unter die schwitzenden Kinder des Herrn. Dann stolpern die Menschen hinaus auf den schwarz-weiß gepflasterten Platz, wo sie anfangs das grelle Sonnenlicht blendet. Sie fallen über die geweihten Birken her und zerfetzen sie mit stummer Gewalt. Jeder will so einen zarten Zweig zu Hause aufs Fensterbrett stellen.

Diese Stille, kaum dass du eingetreten bist in das Halbdunkel des Kirchenschiffs und die Tür sich hinter dir schließt zur Sammlung, Reinigung, Läuterung. All die Grabmäler mit den knienden Adelsfiguren im Chor, die Fresken der Heiligen an den Wänden. Wenn du dann auch die auf den Bänken Sitzenden wahrnimmst, betend unter den leuchtenden Glasfenstern mit der Apostelgeschichte, auf Händen und Gesichtern den farbigen Abglanz des Himmels, im Kerzenschein, im Wachsgeruch… glaubst du dich einen Moment lang angesprochen, einbezogen, aufgenommen in diese geheime Gemeinschaft der Gläubigen, ein verborgenes Universum, und bekreuzigst dich heimlich. Heilige Jungfrau, *ora pro nobis.* Fast möchtest du eine der geweihten Hostien aus dem silbernen Körbchen nehmen und – sie auf der Zunge – vor dem Priester niederknien, der gerade den Messkelch schwenkt. Ihm ins Auge blicken, ins Ohr flüstern, bereuen. Fast möchtest du dich überwinden und einem Wildfremden die Hand reichen, mit einem Bettler den Mantel teilen…

Gestern Abend habe ich zum ersten Mal in diesem Jahr die Glühwürmchen entdeckt, ganz plötzlich sah ich sie aufleuchten, als ich einige Treppenstufen zum Garten hinaufstieg. Sie hatten ihr kühles hellgrünes Licht so lange vor mir versteckt. Während ich weiterging, tauchten sie überall auf – dicht am Boden, am Bachlauf, auch paarweise, zwischen den Blättern der Büsche, sogar hoch über den Baumwipfeln dahin fliegend wie die Seelen. Der Zauber beruht wohl auch darauf, dass sie so besonders leise durch die Sommernacht gleiten und dabei immer inbrünstiger und reiner leuchten, je dichter die Finsternis wird, die sie umgibt.

Schon wenige Tage nach meiner jüngsten Ankunft in Wunsiedel habe ich den Friedhof aufgesucht. Die dicke Kalksteinmauer, die Torpfosten mit den aufgesetzten Steinkugeln und das Lattentor

habe ich nicht gleich wieder erkannt, da die umliegende Garten-
landschaft, ihre schmalen verschlungenen Gänge und ihre warme
Dunkelheit nicht mehr vorhanden sind, die mich früher auf
meinem Weg zur Luisenburg und wieder zurück tags wie nachts
umgaben. Doch unverkennbar der mit einer Glockenstube be-
krönte Zwiebelturm der Gottesackerkirche, die sich ursprünglich
außerhalb der Stadtmauer befand. Sie gehört der Spätgotik an und
ist mit verwitterten Grabsteinen aus kristallinem Kalkstein umstellt, der hier in der Gegend gebrochen wurde.

Zu meinen Füßen das sommerwarme Gräberfeld, über dem die
Mauersegler ihre Traumkurven ziehen. Wiesen und Felder sind bis
zum Gebirgsrand noch von der Abendsonne beschienen, der west-
liche Himmel über der Silhouette der Stadt leuchtet orangegrün.
Ein alter Mann mit Hut, hüstelnd und humpelnd am Beinhaus
vorbei, krumm, in einer abgewetzten Cordhose. Er putzt eine
schwarze Grabplatte mit Schrubber und Seifenlauge, spült mit
Wasser aus der Gießkanne nach; spricht unverständlich mit sich
selbst. Eine Frau grüßt ihn, doch er scheint nichts um sich her
wahrzunehmen. Lässt Schrubber und Putzeimer beim Grab zurück
und schlurft murmelnd davon, ein feines Taschentuch in der Hand.
Schon unsichtbar, schon zwischen den Steinen verschwunden. Wo
mag er hergekommen sein? Nur ein paar Frauen sind noch anwesend,
emsig mit Harken und Gießkannen werkelnd. Schauen mich for-
schend an, während ich an ihnen vorbeigehe, als ahnten sie, weshalb
ich hier bin. Sollte ich sie nach dem Grab meiner Wirtsleute fragen?
Von weit her Hundelaute, Spatzengeräusch, ein Eichelhäher hüpft
über das Gras. Wie eigenartig das Abendlicht zwischen den Wolken
hervorbricht, in breiten hellgrauen Schlieren und Schleppen, auf
denen sich ein Totentanz abzeichnet. Mag sein, dass diese herbere
Luft und Landschaft auch die oft kuriosen Wolkenbildungen fördert,
eine Art Sommerwatte oder wabenförmig gegliederte Schäfchen-
wolken, deren Fugen den Einfall des Lichts schon andeuten…

Ob sie ständig um mich sind, die Toten, ob sie als *verhülltes Volk* unter uns wandeln; ob zum Beispiel dieser verwachsene, mich scheel von unten anblickende Mensch mit der grünen Gießkanne und den verwischten Gesichtszügen ein Gespenst ist, das mir auflauert... Ein weiterer Geist kommt unversehens zwischen zwei zugewucherten Grabstätten mit einer Heckenschere hervor und verstellt mir im grauen Arbeitskittel den Weg. Tut so, als hätte er an einem Grab zu schaffen, wirft aber keinen Schatten auf den Kies. Pfeift den Radetzky-Marsch vor sich hin... Irgendwie lockt mich die wachsende Heerschar der Toten an, die um den Erdball fluten. Oft führt mich schon mein erster Gang nach der Ankunft in einer fremden Stadt auf den Friedhof. Zunächst zum Theater, um die Schaukästen mit den Fotos der Schauspieler und der aktuellen Aufführungen zu studieren, anschließend immer zum Friedhof, dann erst zum Museum, genauer: in die Gemäldesammlung. Vielleicht reizt mich gerade die graue, etwas schäbige Unpersönlichkeit, die von den Gestorbenen ausgeht, ihr Schlurfen und Murmeln. Je tiefer man in den Süden reist, umso verwahrloster sind die Gräber, voller Staub, Müll und gelbem Gestrüpp, mit schiefen, halb im Boden versunkenen Steinen und geborstenen Grabplatten, in denen die Eidechsen verschwinden. Oder man hat die Toten ganz ohne Hinweis auf ihre einstige Anwesenheit einfach im Feld verscharrt und zugeschaufelt und mit ein paar Steinbrocken beschwert. Aber das hält sie nicht davon ab, wiederzukehren und abzurechnen mit den noch Lebenden, die sie vergessen und verraten haben und sämtlich schuldig sind. Manche haben sich, aus Armut die natürliche Scheu überwindend, schon zu Lebzeiten auf den Friedhöfen eingerichtet und somit den Toten ausgeliefert. Sie wohnen in den Mausoleen der Vorfahren, wo sie auf den Altären kochen und schlafen, halten sich große Hunde mit spitzen Ohren und entzünden nachts mächtige Feuer, um die frierenden Toten, deren Flüstern und

Rascheln sie über sich hören, auf Distanz zu halten, um sie weg-
zuscheuchen wie lästige Tiere.

Auf geraden wie krummen Friedhofswegen vergeblich nach dem
Grab meiner Wirtsleute, nach Spuren der verschwundenen Seiferts
gesucht. Dafür entdecke ich unerwartet die letzte Ruhestätte des
berüchtigten Rudolf Heß, ein dreiteiliges Familiengrab, mit Blu-
menschmuck überladen. Ulrich von Huttens Parole »Ich habs
gewagt« steht genau unter Heß' Namen. Der Buchstabe h von
»habs« fehlt, er mag abgefallen oder als Souvenir entwendet worden sein. Vermutlich Heß' wegen, den ich vergessen hatte, haben
mich die Frauen so fragend oder auch wissend angeschaut. Ein
Fremder, der hier auftaucht und sich Notizen macht, kann in
ihren Augen nur ein Pilger auf Heß' Spuren sein. Eine Wallfahrts-
stätte, so hört man, ein Kultort gar. Doch außer mir ist weit und
breit kein Fremder zu sehen, erst recht niemand, der dem »deutschen Märtyrer« nachtrauert, der sich am 17. August 1987 nach
46 Haftjahren im Gefängnis Spandau mit einem Verlängerungs-
kabel erhängt hat, nach Ansicht seiner Anhänger jedoch vom
britischen Geheimdienst umgebracht wurde. Denn er sei, so heißt
es, mit 93 Jahren viel zu schwach zum Knüpfen einer stabilen
Schlinge gewesen; er habe sich nicht einmal die Schuhbänder mehr
zumachen können.
    Nachdem Rudolf Heß gestorben war, belagerten Rechtsextreme
zwei Wochen lang den Wunsiedeler Kirchhof, um ja die Beisetzung
ihres Helden nicht zu versäumen; sie fand erst im folgenden
Frühjahr unbemerkt statt. An fast jedem Todestag seither ein
Aufmarsch von ein paar tausend Rechtsradikalen vor Ort, dazu
linke Gegendemonstranten sowie einige Hundertschaften der
Polizei und die Pressemeute, auf Unvorhergesehenes erpicht. Das
Städtchen Mitte August gleichsam im Ausnahmezustand, alle
Zufahrtswege blockiert. An den Straßenrändern Wunsiedeler

84

Bürger, die sich zumindest anfangs die Prozession abwartend anschauten, dem stummen Trauermarsch der Naziszene unter schwarzen Transparenten und halb gesenkten Fahnen, langsamen Schritts von Standartenträgern getragen, mit einem gewissen Gleichmut beiwohnten. Ist doch einer von uns gewesen, der Heß, hört man sagen, zwar in Alexandria geboren, doch in der Nähe von Wunsiedel, in Kirchenlamitz aufgewachsen, auch die Eltern, die Großeltern stammten aus dem Fichtelgebirge; waren Kaufleute. Warum darf er nicht hier im Heimatboden ruhen... Soll ein stiller Förderer der Anthroposophischen Gesellschaft und anderer okkulter Kreise gewesen sein, ein Anhänger diverser Astrologen und Hellseher, doch stets ein treuer Gefolgsmann des Führers. Sein kühner Schottlandflug im Mai 1941, als selbsternannter »Friedensbote«, mitten im Krieg, das völlige Scheitern dieser Mission; die Jahrzehnte während Einzelhaft in Spandau. Nie Reue oder wenigstens Einsicht gezeigt. Nie entlassen, nie begnadigt... Andere fordern, man solle die dreiste Provokation beenden, den Spuk verbieten, das Grab einebnen, die Asche des Stellvertreters des Führers und seiner nächsten Verwandten verstreuen, damit wieder Ruhe im Städtchen einkehre.

In einem Winkel des Kirchhofs, nah an der südlichen Mauer, habe ich ein Dreifachkreuz aus schwerem rissigem Holz mit einer roh eingehauenen Christusfigur entdeckt, ein zum Himmel ragendes Klagegerüst in marodem Zustand. Es erinnert von fern an einen afrikanischen Totempfahl, ist jedoch »den 19 Männern und 9 Frauen« gewidmet, die hier anonym und »fern ihrer ostdeutschen Heimat« ruhen. Sie starben, heißt es auf einer Tafel lapidar, im Oktober 1947 im Altersheim »Waldluft« den Flammentod. Klingt fast so, als hätten sie sich, zwei Jahre nach Kriegsende, für Deutschlands Ehre geopfert oder sonst eine dunkle Schuld gesühnt, die verkohlten Körper unter den tagelang rauchenden Trümmern begraben. Flammenzungen liefen die Tür- und Fensterrahmen entlang, Heiligenbilder und Holzkruzifixe stürzten brennend von den Wänden, doch die Alten und Kranken konnten aus ihren Betten nicht aufstehen und fliehen… Warum werden die Namen der Toten verschwiegen?

Oft saß ich in meiner Dachkammer am Schönlinder Weg und konnte mich nicht bewegen, während die inwendigen Schmerzen zuzunehmen schienen, die körperschwere Trauer anwuchs. Auf langen Spaziergängen über die Felder gelang es mir manchmal, den Druck auf Magen und Hirn zu vermindern und der Seelenunruhe Herr zu werden im Angesicht der Landschaft. Ich unternahm zur Ablenkung auch verschiedene Schreibversuche, lyrische wie journalistische. Ich las Gedichte von Rilke, Georg Trakl und Georg Heym solange, bis ich sie auswendig konnte, und schrieb dann selbst, ohne es recht zu merken, Gedichte in deren Manier. Ich studierte Broschüren und Zeitschriften über Oberfranken und das Fichtelgebirge, bemühte mich vor allem um die von zu Hause mitgebrachten Romane Jean Pauls, aber ich konnte mich nur selten über längere Zeit auf eine bestimmte Arbeit konzentrieren. So zerrissen und böse auf alle Welt, hochfahrend, verängstigt und stumpfsinnig zugleich, vermochte ich nichts Eigenständiges zu schreiben, schon gar nichts Literarisches. Im Zustand der Lähmung brachte ich kaum einen poetischen Satz zu Papier, geschweige denn eine Folge von Sätzen in einem ruhigen Prosa-Rhythmus, einen Zusammenklang, den man mit einiger Berechtigung »Schrift« oder besser »Erzählung« nennen konnte. Ich wusste ja viel zu wenig von der als feindlich empfundenen Welt, hatte so gut wie nichts erlebt in meiner Verschlossenheit, fing gerade erst an, das Lesen Wort für Wort zu erlernen. Das rechte Sehen, das Wahrnehmen, beherrschte ich noch längst nicht. Meine Aufmerksamkeit war schwach ausgebildet; das Wesentliche, die Einzelheiten, übersah ich häufig, nahm den Augenblick einfach hin, statt ihm zu folgen, indem er sich entwickelte, und sein Verschwinden gleich mit zu bedenken, mir alles Geschehende bis ins Kleinste einzuprägen und zu wiederholen, einen Blick, eine Geste, das Glänzen der Karrenspuren am Feldwegrand, das Sirren der Birkenblätter, um es für immer zu bewahren. Ich hatte wenig Selbstvertrauen, in dieser Theaterfremde noch weniger als zu Hause. Die so genannte Wirklichkeit zerfiel mir in Splitter und Redensarten.

Um die Freiheit des Denkens ein Stück weit wiederzugewinnen, notierte ich vieles von dem, was ich vor Ort erlebte und las, in ein mitgebrachtes Heft, in größeren Zügen, oft klagenden oder anklagenden Tons, doch nur selten mit der notwendigen Genauigkeit in den Details: Schmerzworte, Schreckensworte, Ekelworte. Ich glaubte, »alles« vor dem Vergessen retten zu müssen, indem ich es aufschrieb, obwohl ich an der Zuverlässigkeit der Sprache durchaus zweifelte und ihr höchstens eine Annäherung zutraute.

Ich recherchierte ein wenig, machte mir Aufzeichnungen zu einem Artikel über die Kulturgeschichte Wunsiedels und der Luisenburg-Festspiele, den ich an den Reiseteil einer großen Wochenzeitung schicken wollte. Zu dem Zweck besuchte ich das Fichtelgebirgs-Museum im Sigmund Wann-Spital, wo neben einer reichen Mineraliensammlung altfränkische Wohnstuben und Küchen, ganze Werkstätten von Schmieden, Zinngießern, Schustern und Töpfern sowie alte Handwerksgeräte und Zunfttrachten zu besichtigen waren, als hätten ihre Bewohner und Besitzer sie eben erst verlassen. Ich schien an diesem Nachmittag der einzige Besucher zu sein. Die Dielenbretter knackten. Ich verirrte mich in dem weitläufigen klosterähnlichen Spital mit seinen Zellen und Geheimgängen, diesem Gehäuse voller Plunder, erschrak über eine ausgestopfte Katze auf einem Plüschsofa und kurz darauf über

eine lebensecht gestaltete Dienstmagd in einer historischen Wasch-
küche. Ich entdeckte ein Jean Paul gewidmetes Zimmer, das
Erstausgaben seiner Werke und Kopien von Handschriften und
Briefen nebst einer bekränzten Büste des Dichters enthielt, und
kam schließlich in einen mit skurrilen Reliquien angefüllten Carl
Ludwig Sand-Raum. Hier hatte man so eigenartige Dinge wie ein
Stück vom Sarg des am 20. Mai 1820, morgens um halb sechs
Uhr, auf einer Wiese vor der Stadt Mannheim hingerichteten
Theologiestudenten, ein Stück blutbeflecktes Holz vom Schafott,
einen spitzen, sehr weißen Zahn und eine Haarlocke Sands sowie
Blumen von seinem Grab zusammengetragen. Auch ein burschen-
schaftlicher Kneiptisch war aufgestellt, auf dem das angeblich
originale Richtschwert lag, mit welchem der Henker Widmann
Carl Sands Kopf vom Rumpf abgetrennt hatte, wofür er zwei
Schläge benötigte. Noch kurioser erschien mir jedoch ein längeres
gereimtes Gedicht in Knittelversen, das Sand noch kurz vor seinem
Tod im Gefängnis als eine Art Testament zu Papier gebracht haben
soll, um seine in Wunsiedel zurückgelassene Braut vor Untreue
zu warnen. Die letzte Strophe hat sich mir eingeprägt: »Dich
verfolg ich noch als Leiche, / wenn du meiner je vergisst, / und
im Totenhemde schleiche / ich beständig, wo du bist.«

Vierundvierzig Jahre später befinden sich sämtliche Gegenstände,
so scheint es, noch am alten Platz, allein das Droh-Gedicht ist
nicht mehr vorhanden und niemand kann mir erklären, wo die
sonderbare Handschrift geblieben ist; irgendwann wohl verloren,
meint man, vergessen, von Dieben weggeschafft, man erinnert
sich überhaupt nicht mehr daran – so wenig wie an Carl Ludwig
Sands Geburtshaus am Oberen Burggraben, das seit etwa 1975
verschwunden ist, vernichtet, ausgelöscht, weil es, so sagt man
ergeben, einer neuen Straßenführung im Weg stand. Oder wurde
das angebliche Sand-Gedicht als Fälschung entlarvt und gezielt

aussortiert, vielleicht um so die übrigen, nicht weniger zweifelhaften Reliquien im Zimmer zu schützen? Hatte Carl Sand überhaupt eine Braut in Wunsiedel?

Schriftsteller – dachte ich damals und denke es heute, durch Erfahrung gestützt, umso mehr – darf sich mit Recht wohl nur ein Sprachbesessener wie Jean Paul nennen. Anfangs erschien mir sein Werk fremd und befremdend groß, seine Sprache schwer zugänglich. Ich verlief mich in diesen verschlungenen, weit ausschweifenden Satzgebärden, dem sterilen, in Zettelkästen abgespeicherten Wissen. Die grandiosen Metaphern machten mich ebenso schwindlig wie das schroffe Nebeneinander lyrisch erhabener und lapidar witziger Passagen. Einige Helden Jean Pauls fliegen himmelhoch auf, nur um abzustürzen, andere Seelen haften klein- und schulmeisterlich am Boden, den Nacken gebeugt. Das Unheimliche, das manche seiner Figuren in Form strengster Geisteskälte umgibt, erst recht die Ungeheuerlichkeit ihrer Träume, ließ mich verstummen, doch nach einer gewissen Anstrengung auch erstarken und fast genesen. Jean Pauls kosmische Gegenbilder boten dem hilflosen Anfänger, wenn er sie nur erst einmal annehmen und ihre Nähe ertragen konnte, Schutz und Lebensmöglichkeiten.

»Schwer und schlummernd schwamm die Sonne auf ihrem Meer – es zog sie hinunter, ihr goldener Heiligenschein glühte fort im leeren Blau und die Echotöne schwebten und starben auf dem Glanz.«

Ich las das »Schulmeisterlein Wutz«, die »Flegeljahre« und den »Titan« nicht nur, ich buchstabierte sie Zeile um Zeile mit wachsender Erregung. Was für ein chaotisches, sprachverrücktes Werk! Was für ein genialer Manierist, fast schon ein Surrealist! Seine Visionen, schrillen Träume, eine mich (wie jeden) beschämende

Einfallskraft. Ein so dickes und bizarres Buch wie den »Titan« hatte ich nie zuvor gelesen. Jean Paul wurde mir zum Nothelfer, er ging neben mir her durch die trüben Gassen Wunsiedels, ein paar Zentimeter über dem Boden, er kannte die Stadt besser als ich. Er begleitete mich auch auf meinem Weg zur Felsenbühne, dem »langen hohen Gebirge«, das er schätzte. Sein Werk erschließt sich nicht gleich, seine wuchernde Phantasie verlangt im Gegenteil Geduld, über die ich noch nicht ausreichend verfügte, seine assoziativ umher springende Bilderpracht erfordert Gelassenheit, Neugierde, eine gebändigte Leidenschaft, um sie wirklich zu begreifen. Ich entdeckte im »Hesperus«, im »Titan«, in den »Flegeljahren« nahezu alles, was ich im Leben suchte und so dicht beisammen nicht finden konnte: das Idyllische und tränenreich Sentimentale, das kauzig Satirische, klassisch Erhabene, schwärmerisch Emphatische, das Ekstatische, das höllisch Zerrissene, Grausige und Trostlose. Am nüchternen Erzählen, dem Graubrot des Alltags, ist Jean Paul wenig gelegen. Immer läuft es auf Wasserkünste, Feuerwerke, Engelskonzerte hinaus, Sonnenauf- und Untergänge, Mondlandschaften, Sturmvögel am Gewitterhimmel, die Isola Bella, ein schwimmendes Paradies. Es gibt Nachtstücke auf dem Kirchhof oder auf Berggipfeln, vielfach verschachtelte Opernbühnen, Wachsfiguren-Kabinette, Tollhäuser und Spiegelsäle als grelle Szenerie. Dabei greifen die extremen Gefühle, die Seelengebärden der titanischen Menschen, im Flug auf die Landschaft über und werden vom Kosmos weiter getragen, bis auch sie abschweifend untergehen.

»Da blühte sie auf wie das Morgenrot, das die Sonne verspricht, und er wie die Rose, die schon von ihr erbrochen ist. Aber einander verborgen hinter den froher nachquellenden Tränen, glichen sie zwei Tönen, die unsichtbar zu einem Wohllaut zitterten.«

Unter den Titanen Jean Pauls, die zum Untergang bestimmt sind, bewegt sich auch mein Namensvetter Schoppe, wie ich ein Abkömmling des niederländischen Humanisten Scioppius. Er wird als »Wirklicher Titularbibliothekar des Großmeisters von Malta« vorgestellt und soll sich zeitweise als Porträtmaler verdingt haben, auf dessen Bildern sich freilich die Porträtierten nur verzerrt und entstellt wiederfanden und oft erbost die Zahlung verweigerten. Dieser Schoppe wechselt häufig den Namen, um seinem Todfeind, Fichtes *reinem Ich* zu entkommen, nennt sich also willkürlich Leibgeber, Löwenskiod, Siebenkäs, Graul oder auch, nach seinem geliebten Wolfshund, Mordian – ein einsamer und strenger Geist, der als Gesellschafter den jungen Fürsten Albano begleitet. Seit Wunsiedel ist Schoppe auch mein Kumpan, Wegweiser und Vorsänger, tapfer im Kampf gegen den anrückenden Wahnsinn, der ihn in Gestalt seines Doppelgängers Siebenkäs schließlich doch einholt und mit gebrochenem Herzen zu Boden streckt: »Du bist der alte Ich – nur her mit deinem Gesicht an meins und mache das dumme Sein kalt.« So stolz, so verlässlich als Freund noch in der äußersten Not und mit dem schnöden Dasein keine Kompromisse schließend, hinkt er am Ende zerfetzt und fast vernichtet dem Tod entgegen, nackt und rein auf der Erdkugel vor der Sonne stehend.

»Freund Hein sitzt auf seinem Pürschwagen und guckt ruhig herauf, als wolle er sagen: bon! tanzt nur zu, ich fahre retour und bring euch auch an Ort und Stelle.«

Welche Aufschwünge erfuhr ich damals, welche Revolten, als ich nächtelang, bis in den Morgen, nichts als Jean Paul las in meiner Wunsiedeler Theatergruft, die krummen Sätze laut wiederholend, um sie mir einzuprägen, noch im Traum hörte ich sie, von Orangendüften und Lorbeerzweigen begleitet... Und was geht beim

Lesen heute, da diese Jugendunruhe erloschen zu sein scheint, in mir vor? Bin ich nicht ein anderer geworden, mehr oder weniger nüchtern im Leben verhaftet, Ehemann, Vater, Großvater, bewohnt von ganz anderen Wörtern und Bildern? Einer mit kaputten Zähnen und eingefallenen Wangen, der einkauft, kocht, abwäscht, sogar leidlich putzt, mit den Enkeln Fußball spielt und den Garten umgräbt, Bohnen, Tomaten, Kürbisse anbaut? Wiederum lese ich in Jean Pauls Büchern begeistert und vermutlich auch mit mehr Verständnis für ihre Eigenarten und romantischen Abgründe als vor vierzig und mehr Jahren, für ihre irre Metaphorik, ihre labyrinthischen Handlungsverläufe, für den Widerspruch zwischen kleinstädtischer Idylle und großer Oper – umspielt von Bitternis, Trauer…

Jean Paul verbrachte nur die ersten Kleinkindjahre im Wunsiedeler Schulhaus, wuchs eigentlich an der Saale auf, in den Pfarrhäusern der Dörfer Joditz und Schwarzenbach, ein paar Kilometer von der Kleinstadt Hof entfernt. Ein lern- und lesewütiges Kind mit ungewöhnlichen Kenntnissen, vom Vater selbst privat unterrichtet. Ein magerer, rastloser, besessener, doch auch geselliger, im Gespräch ständig auf und ab gehender Jüngling mit wirren Haaren und hellem, leicht schielendem Blick, der nach dem frühen Tod des Vaters völlig mittellos war und nur mit einem Armutszeugnis in Leipzig ein, zwei Semester Theologie studieren konnte, bevor er das Studium abbrach, um Schriftsteller, Büchermacher zu werden. Musste bei Nacht vor seinen Gläubigern aus Leipzig fliehen. Ein Hungerleider im zerrissenen Rock, der weder mittags noch abends etwas Warmes zu essen bekam. »Doch hart und kämpfend erober' ich mir meinen Bissen.« Er ernährte die Mutter und die vier jüngeren Geschwister zeitweise durch Stundengeben, so gut er es eben konnte. Er sprach in Aphorismen, phantasierte auf dem Klavier. Unterhielt in Hof schwärmerische Beziehungen zu verschiedenen Bürgerstöchtern und schrieb als Autodidakt um sein Leben. Sah einen schwarzen Hahn nächtens nach seinem Herzen graben. Wusste schon damals, es würde von ihm einmal im ganzen Land die Rede sein. Er schauderte vorm eigenen Ich und vor dem endlosen Himmelsblau, das ihn umschloss ohne Trost und Stimme.

Erste Erfolge. Er versuchte, in Weimar bei Goethe und Schiller zu landen, überwach und unablässig redend, mit weit aufgerissenen Augen. Sein Anblick verstörte. Er wirkte auf Schiller fremd »wie einer, der aus dem Mond gefallen ist.« Die letzten zwanzig Lebensjahre in Bayreuth sesshaft. Achtloser Ehemann, Vater von drei Kindern, zwei Töchter, ein Sohn. Isst mehr als reichlich, jedoch unregelmäßig, trinkt zuviel Wein und Bier, wird füllig. Nie mehr arm sein, nie mehr hungern! Immer dickere Bücher. Erkrankt an Leberzirrhose. Stirbt mit 62 Jahren (wie Adalbert Stifter, ein anderer Lieblingsautor) im Räderstuhl, dem Sohn Max nachfolgend unter Tränen, fast erblindet, halb abwesend schon und verbraucht von den immensen Anstrengungen des Überlebens und Denkens in leeren Räumen, ausgeliefert dem Nichts in der »rohen, schweren Welt.«

»Frühlings-Phantasien, die weder dieses Leben erfahren noch jenes haben wird, spielten mit der sinkenden Seele – endlich stürzte der Todesengel den blassen Leichenschleier auf sein Angesicht und hob hinter ihm die blühende Seele mit ihren tiefsten Wurzeln aus dem körperlichen Treibkasten voll organisierter Erde.«

VII

Ganz Deutschland litt im Sommer 1964 unter tropischer Hitze und Trockenheit, doch in Wunsiedel wehte beständig von Osten her ein kühlender Wind und machte das Wetter vergleichsweise angenehm. Ich gab mir Mühe, mich in die vorgefundenen Verhältnisse einzugewöhnen, auch wenn sie mich Tag für Tag aufs Neue niederdrückten und mir unveränderlich erschienen. Was hast du nur, rief ich mir aufmunternd zu, das Theater mag abstoßend sein, erbärmlich heruntergekommen, eine subventionierte Abgeschmacktheit – aber die fränkische Landschaft, ist sie nicht bizarr und reizvoll? Und ist die Luft nicht würzig, nach Kräutern schmeckend, das Städtchen nicht eines, in das man hineingeht wie in etwas schon Bekanntes, längst Vertrautes, als würde man einen Platz wieder erkennen, den man zuvor nie gesehen hat… Und sollte der Ortsheilige Jean Paul nicht vielleicht doch der gewaltigste deutsche Dichter gewesen sein, noch *vor* Goethe? Wo besser als hier, da sein Geburtshaus, die Schule, noch steht und davor sein Denkmal, von Schwanthalers Hand, konnte ich sein utopisches Werk kennen und lieben lernen?

Von Ulla erreichten mich aufbauende Briefe, in denen sie mir ihre Zuneigung beteuerte und ihr baldiges Eintreffen in Wunsiedel ankündete. Sie komme »mit Bienenflügeln«, schrieb sie, Jean Paul zitierend. Erneut schickte sie mir ein Päckchen mit Vollkornkeksen, Vitamintabletten und – auf meine dringende Bitte hin – ihr Porträt, eine aktuelle Aufnahme im Großformat, extra für mich hergestellt. Ich pinnte das Bild, auf welchem Ulla, wie mir vorkam, etwas hintergründig, nach Art der Mona Lisa lächelte, an die Wand über meinem Schreibtisch. Sie sah mich starr an, unter den blonden Stirnfransen hervor, ihre hellblauen Augen schienen mich zu fixieren und schauten zugleich durch mich hindurch in mir unbekannte Gegenden. Pommerland ist abgebrannt, murmelte ich... Es war mir gelungen, ab Mitte Juli ein Zimmer im »Kronprinz von Bayern« für sie zu mieten. Eine Ruhephase schien anzubrechen. Mein Heimweh war verstummt, versandet, ausgetrocknet.

Auf der Luisenburg liefen die Schlussproben zu den beiden Eröffnungspremieren »Götz von Berlichingen« und »Einen Jux will er sich machen« des Wiener Satirikers Johann Nestroy. War der »Götz«, wie ich von Anfang an vermutet hatte, schlecht pathetisch geraten, zähflüssig, ohne Konturen, voll künstlerischer Mängel in der Führung der Figuren, eine Verharmlosung des Bauernkriegs und seiner Akteure und gewiss auch eine Beleidigung, fast eine Vernichtung des Dramatikers Goethe durch pure Gedankenlosigkeit, so war der »Jux«, diese geistreiche Posse mit Gesang, erst recht in der kürzesten Zeit und also in hurtiger Mittelmäßigkeit hingeschludert worden, ohne Sinn für die kunstvollen Dialoge der abenteuerlustigen Kleinbürger und die Wortspiele ihrer phlegmatischen Hausknechte.

Kann auf der Freilichtbühne überhaupt so etwas wie Kunst entstehen, fragte ich mich; schluckt die grüne Naturkulisse nicht jeden Anflug von Reflexion, macht sie nicht jede Unterscheidung, auch jeden Widerspruch zur vorgegebenen Welt zunichte? Ebnet sie nicht alles sprachlich Komplexe, Poetische, Wortwitzige und Geistige ein? Auf der Freilichtbühne, sagte ich mir, wirkt jede Handlung, jede Bewegung, jeder Ton vergröbert und wie mit Lautsprechern verstärkt, ein Knalleffekt an den nächsten gereiht, damit auch die trägsten Köpfe im Publikum wenigstens etwas begreifen. Ein plumpes Feuerwerk und Mimengepolter in der Dunkelheit, die sich langsam über die Szene stülpt.

Wäre es nicht doch möglich, dachte ich weiter, dass sich Dramen von Sophokles und Kleist, Grabbe und Hebbel, auch halb vergessene Stücke von Grillparzer (»Libussa«) und Otto Ludwig (»Agnes Bernauer«), in einer strengen Bearbeitung, durch pure Artistik und Stilisierung gegenüber der Naturgewalt behaupten; dass also Kunst und Landschaft harmonieren, indem man sie nicht illusionistisch vermischt, sondern artifiziell trennt? Sobald ein Regisseur ein Drama, welches auch immer, nur gefällig in die Landschaft einfügt, sagte ich mir, geht es jedenfalls darin unter als konturloses Rühr- und Rummelstück an der Grenze zum Kitsch.

Über solche konzeptionellen Fragen wollte ich anfangs noch mit den Regisseuren, den Dramaturgen und einzelnen Schauspielern, die mir geistig wacher vorkamen, debattieren, es war mir wichtig, doch sie wehrten nur unwirsch ab oder lächelten überirdisch, indem sie mich stehen ließen. Sie wollten um keinen Preis mit mir reden. Sie verabscheuten nicht nur das Wort »Konzeption«, sie verabscheuten auch jede Debatte über nahezu jedes Thema, das ihre Arbeit berührte. Sie verabscheuten Stücke, die sie nicht kannten, und wollten immer nur das Gewohnte, längst Vertraute spielen. Diskurse erschienen ihnen »bloß intellektuell« und »akademisch«, Eigenschaften, die ihnen unheimlich waren, so wie auch ich ihnen trotz oder gerade wegen meiner Jugend unheimlich war. Mein vielleicht etwas schrill vorgetragenes Interesse an der Theaterkunst stieß auf ihr völliges Desinteresse. Besonders *nach* der Premiere waren sie zu keinem Nachdenken über das Geleistete oder Versäumte, Misslungene zu bewegen. Sie fürchteten jede Kritik und wollten durchaus nichts aus ihr lernen.

Im Lauf der Tage und Wochen nach der Premiere wurde die häufig, auch vor- und nachmittags, wiederholte Aufführung des »Götz von Berlichingen« noch glatter und plumper als sie schon war. Sie wurde zugleich immer kürzer, sei es, weil die Schauspieler routinierter sprachen und mechanischer agierten, um früher in die Kneipe zu kommen, sei es, weil ganze Szenen, zum Beispiel wenn ein Regenguss drohte, einfach weggelassen wurden. Auch meine anfänglich sieben Sätze reduzierten sich schrittweise. Hier und da wurde ein Episodenspieler krank oder vergaß im Suff seinen Auftritt und die entsprechende Szene wurde kurzerhand gestrichen, was dem ländlichen Publikum, das aus ganz Franken angekarrt wurde, naturgemäß nicht auffiel. Schließlich hatte ich als Schreiber nur noch einen einzigen bedeutsamen Satz zu sagen, der mich freilich vor Ort zurückhielt. Dem vor Gericht stehenden Götz rief ich »Ihr seid ein Rebell!« entgegen, wobei sich nicht der biedere Schauspieler, sondern eher ich mich als solcher verstand.

Es war ein schwerer Fehler gewesen, dem Lockruf des alten Intendanten zu folgen und nach Wunsiedel zu fahren, eine fatale Dummheit, die aber nun nicht mehr rückgängig zu machen war. Ich war mit offenen Augen in die Theaterfalle gestolpert, zugleich eine Lebensfalle, wie sich zeigen sollte, ich war in die äußerste Ausweglosigkeit geraten. Denn einerseits brauchte mich dort niemand, weder als Autor noch bei der Regiearbeit noch gar als Schauspieler, ich stand vielmehr allen nur im Weg, ein Ärgernis, andererseits aber musste ich den unterschriebenen Vertrag erfüllen und war auch zu stolz, um einfach wegzulaufen. Das in Wunsiedel von mir vorgefundene Theater, das ähnlich gedankenlos an vielen Orten anzutreffen war, wenngleich nur selten in solcher Abgeschlossenheit, gleichsam als Grenzland-Modell, am Rand der zivilisierten Welt, trug tagtäglich zu meinem Elend bei. Doch auch einige der Menschen, mit denen ich zu tun bekam und denen ich nicht ausweichen konnte, erwiesen sich für mich als permanente Zumutung und Bedrohung. Ich sah nur einen Moment in ihre Augen, vernahm den kalten höhnischen Tonfall ihrer trainierten Organe – noch die Stimmen im Ohr – und wusste sogleich, sie, die Schauspieler, die ich einst als meine Vorbilder angesehen und wie Helden, fast wie Heilige verehrt hatte, waren aus der Nähe betrachtet eher Feinde, erbärmliche Wichte und Gefühlsheuchler allemal, die schon aufgrund ihres trivialen Geredes Prügel und Schlimmeres verdient hatten. Und manche errieten meine Gedanken auch.

Einen hasste ich besonders und hasse ihn, ohne ihn je wieder getroffen zu haben, bis heute, mit Inbrunst und allen Anzeichen des Ekels, wenn ich nur an ihn denke. Er war ein nach herkömmlichem Verständnis gut aussehender, noch recht junger Mensch, kaum älter als ich, hoch gewachsen, von männlicher Haltung und kräftiger Stimme, dem die Liebhaber-, Helden- und Rittmeisterrollen wie von selbst zufielen, ein Machotyp, der von fern an den jungen Alain Delon erinnerte. Ich weiß nicht mehr genau, ob er damals bereits Wiener Burgschauspieler war oder ob er erst etwas später dazu ernannt wurde. Jedenfalls hielt dieser Mime, der besonders in Shakespeare-Stücken zu gefallen wusste, wo er sich durch routinierten Charme auszeichnete, bei jeder Gelegenheit zotig ausufernde, von den Kollegen viel belachte Reden, während ich, übernervös und extrem empfindsam, ein in mancher Weise Unreifer und Zurückgebliebener, dem die Nebenrollen vorbehalten waren, in einer Ecke der Garderobe oder am äußersten Rand des Wirtshaustischs verharrte und finster dreinblickte oder auf irgendeine andere stumme Art meinem Widerwillen gegen solche Geistesferne Ausdruck verlieh.

Vermutlich redete der Burgschauspieler auch wegen mir so auftrumpfend dreist und dröhnend daher, um mich zu provozieren, der im Winkel hockte, stocksteif vor Abscheu und Ekel, wie ertappt in seiner Unschuld. Dabei war ich für ihn, den ich gewiss anfangs bewundert, ja um seine Selbstsicherheit beneidet habe, kein ernst zunehmender Konkurrent, weder um Rollen noch um Frauen; er pflegte mich auch meist zu übersehen. Und doch dürfte er gerade in meiner Schwäche, meiner Unselbständigkeit, meiner verhuschten Arroganz, das Andere, ihm völlig Entgegengesetzte, Anarchische ausfindig gemacht haben, vor dem er zurückscheute, weil es Schönwetterspieler wie ihn negierte. Er spürte, dass ich seiner demonstrativen Männlichkeit misstraute, er ahnte, dass ich ihn längst durchschaut, als Maulhelden und röhrenden Dummschwätzer ausgemacht hatte.

Wie die meisten Theaterleute hasste der Burgschauspieler den denkenden Menschen auf der Bühne und im Leben und fürchtete nichts mehr als dessen Hervortreten, das Mimen seiner schlichten Geistesart überflüssig machen würde. Er schwadronierte am Bier- und Kartentisch von »Blut und Tränen«, woraus die gewaltigsten Rollen des Welttheaters geformt seien, Schillers und Shakespeares Helden zuvörderst, und behauptete rasselnd, die Kunst, zumal die Schauspielkunst, müsse nun mal aus dem Bauch, dem Unterleib kommen und werde gleichsam »mit dem Schwanz geschrieben«. Alles andere – er sah vage in meine Richtung – sei nur modisches Versagertum.

Einmal zumindest muss ich wohl meiner Verachtung einen deutlicheren Ausdruck verliehen haben – mehr als nur ein Aufstöhnen, ein Husten oder ein knapper Pfeifton, nein: ein gestammelter Satz der Kritik und des Widerspruchs kam aus meinem Mund, so unabweisbar, dass er alle im Probenraum Anwesenden erreichte. Jedenfalls höre ich den Burgschauspieler noch mit höhnischem Unterton fragen, wer sich denn da rege und ob ich es noch nicht mitbekommen hätte, »dass zweierlei Kleider im Schrank hängen.« Eigentlich nur eine nüchterne Formel, eine

Redewendung, die ihn als im Dasein verankertes Mannsbild ausweisen sollte, der im Gegensatz zu mir wusste, wozu Männer und Frauen da sind. Doch mir kam die Kleiderschranksentenz weit zotiger vor als wenn er, wie üblich, vom Ficken und Wichsen gefaselt hätte. Ich spürte das Muffige und Gemeine heraus, eine obszöne Enge, Schlafzimmer-Dumpfheit, Gewalt, die nicht nur gegen mich und den unruhigen Theatergeist gerichtet war, sondern auch gegen alle Frauen, die sich mit dem Burgschauspieler je eingelassen hatten.

Er stemmte die Hände in die Hüften und reckte sein markantes Kinn – sein stumpfes, nicht unschönes Gesicht mit den starken Brauen tauchte dicht vor mir auf, und ich fragte mich, wie es diesem Menschen auf der Bühne für Augenblicke immerhin gelang, so etwas wie Güte und Großmut auszudrücken oder zumindest vorzutäuschen… Er war der allgegenwärtige brandgefährliche Spießer, das roch ich ihm an, der ewige Feind, der mir schon in der Kindheit stumm den Weg versperrt, die Sandburg zerstampft, den Pappdeckelhelm auf den Zaunspitzen durchlöchert hatte, ein unbarmherziger Gegner, der niemals von mir wich und jede Schwäche ausnutzte.

Ich musste unwillkürlich auflachen und konnte mich kaum beruhigen, ein krähender, wie triumphierender Laut durchschnitt den Raum. Für den Moment glichen die grauen Augen des Burgschauspielers, die mich zum ersten Mal so direkt fixierten, geballten Fäusten, und solchem Vernichtungswillen, das wusste ich, hatte ich, zumal in einem Theater, das meine Dienste nicht brauchte, wenig entgegenzusetzen. Ob denn so einer wie ich, ein scheeler Beobachter und »Kritikaster«, dem es offensichtlich an Vitalität und Schwanzstärke mangle, *überhaupt* zum Theater müsse, zu *seinem* Theater, das gottlob noch intakt sei, fuhr der Burgschauspieler fort. Ja, ob es mir Leichtgewicht noch nicht aufgefallen sei, dass ich mich hier am falschen Ort befinde… Doch statt den Feind nun auf der Stelle niederzustrecken, was angemessen gewesen wäre, brachte ich nicht einmal die Kraft auf, mich mit Worten zu wehren. Tränen, die ich so lange zurückgedrängt hatte, traten mir in die Augen. Ich war erledigt, ich konnte abziehen für immer, das spürte ich. Keiner sagte etwas. Ich lief aus dem Theater und verbarg mich zwischen den Fichten, die vor mir zurückwichen.

Solche Erniedrigung wach haltend, dachte ich mein weiteres Leben über, das ich fern vom Theater verbrachte, ab und zu an den Burgschauspieler und überlegte, wie ich es ihm heimzahlen könnte. Immer seltener war von seinen Auftritten im Burgtheater zu lesen, und je älter er wurde, desto unbedeutender wurden seine Rollen, bis er gar nicht mehr auftrat. Er schien zwar weiterhin sein Gehalt zu beziehen und den Titel »Burgschauspieler« zu tragen, wurde aber nicht mehr benötigt. Sein Männerfach war mindestens fünffach besetzt und er selbst zu einer Karteileiche des Betriebsbüros geworden. Er stand noch einem kleinen Kärntner Sommertheater vor, das war alles; ein alternder Schönling, der seine Tage im Kantinenwinkel des Burgtheaters zubrachte, wo er manchmal noch Zoten riss, über die kaum jemand lachte… während mein Leben täglich neu anfängt, nicht etwa unter Tag, bei künstlichem Licht, in muffigen Probenräumen, sondern unter freiem Himmel, auf Feldwegen, in südlichen Gärten, von Vögeln und gütigen Wolken umflogen. Am Schreibtisch auch, zwischen Büchern, Zeitschriften, Bildern… Kindern, zahlreichen Enkeln.

Eines Nachts, an einem Sonntag, auf dem Rückweg von der Luisenburg in die Ortschaft, sah ich zum ersten Mal mit vollem Bewusstsein eine so große Sternschnuppe, vor der ich erschrak wie vor einem Schreckenszeichen. Sie tauchte am westlichen Heimathimmel auf, als Feuerkugel mit sprühendem Schweif, und verglühte sehr langsam, wie in Zeitlupe, während in den umliegenden Wiesen und Feldern die Johanniskäfer ihre einzige Liebesnacht feierten. Ich meinte sogar ein fernes Donnergrollen zu hören. Ein Reh und zwei Kitze, die am Rand einer Lichtung verharrten, schienen es auch zu bemerken. Das Getreide wogte, die Kohlköpfe sahen mir mit Menschengesichtern nach. Seit jener Nacht verließ mich die unterschwellige Angst nicht mehr, es könnte zu Hause etwas Unvorhergesehenes geschehen sein, ein Unheil, das der brennende Stern anzeigte. Als hätte ich in diesem Augenblick, im offenen Feld, unter dem mondlosen Himmel, jemand Nahen auf grausame Weise verloren.

Etwa zwei Wochen später erhielt ich von Ulla einen Doppelbrief in einem grünen Kuvert, 19 handgeschriebene Seiten umfassend, die Wörter und Sätze wie in fliegender Eile, ohne Rücksicht auf Rechtschreibung und Interpunktion, schief übers Papier gejagt. Noch immer war die Hitzewelle im Neckartal nicht abgeklungen, so dass Ulla in ihrer brütend heißen Dachwohnung drei Nächte benötigte, um das kleine Werk fertig zu stellen, das somit ungewollt einem Drama in drei Akten mit dem Höhepunkt am Ende glich. Es war überhaupt das erste Mal, dass Ulla sich, nach wechselnden Fluchten und Ausreden, überwand und von sich selbst etwas mitteilte – für mich eine kleine Sensation. Schon den Eltern, zumal dem strengen Vater gegenüber habe sie nur Unsicherheit empfunden, so Ulla, sich ihnen in jeder Hinsicht unterlegen gefühlt und Angst vor so genannten Aussprachen gehabt; danach jedenfalls immer die schale Gewissheit, sich bloßgestellt, sich ausgeleert zu haben und ein ganz abseitiger, kranker und verlorener Mensch zu sein, der nirgendwo hingehört. So habe sie sich lieber in Schweigen gehüllt oder in kurzfristig hilfreiche, weil Distanz schaffende Ironie gerettet. Eine große Scheu sei daraus erwachsen, sie habe sich als ein ebenso kindliches wie kindisches Wesen empfunden, dem man die Hilflosigkeit schon von weitem ansieht. Nie habe sie das Gefühl verlassen, eine Fremde im eigenen Haus zu sein, ein untergeschobener Balg, ein Kuckuckskind und Störenfried, eine Spielverderberin, was sie ja auch oft genug gewesen sei, indem sie das heitere Beisammensein mit schrillen Tönen gestört habe.

Sie habe angefangen, ihre Gedanken und Beobachtungen aufzuschreiben mit einem tiefen, leicht komisch wirkenden Ernst, um sich so eine eigene Gegenwelt und Ruhezone zu schaffen. An ihrer Naivität den realen Dingen des Lebens gegenüber sei indes nicht zu zweifeln, sie sei gleichsam mit geschlossenen Augen, auf Zehenspitzen durch die Alltagswelt gegangen. Nichts habe sie normal und einfach gesehen, alles bekrittelt und hinterfragt. Erwachsene erschienen ihr in unerreichbarer Ferne, fremde Kinder im äußersten Maß unangenehm und peinlich. Die so genannte Wirklichkeit, von der sie im Grund doch so viel erwartet habe, sei ihr als raffinierte Lügenkulisse begegnet. Dieses Misstrauen sei, durch schlimme Erlebnisse im Internat noch verstärkt, tief in ihr eingegraben, und allein die Ironie ermögliche ihr, Wahrheiten auszusprechen, ohne sich dabei ernsthaft festzulegen, so Ulla im Brief. Erst durch die Begegnung mit mir und mit meinen Ansprüchen an ihre Wahrhaftigkeit sei ihr diese ja eigentlich verantwortungslose Zweideutigkeit wieder bewusst geworden. Doch sei ihr Mitteilungssinn gewissermaßen verkümmert…

An dieser Stelle, es war zwei Uhr in der Nacht, legte Ulla eine Schreibpause bis zum folgenden Abend ein, obwohl sie – so steht es in schiefen Kinderbuchstaben geschrieben – »so sehr das Bedürfnis hatte, mit mir weiter zu reden.«

Vom nächsten Abend an änderte sich der Tonfall des Briefes und nahm Satz um Satz eine für mich immer unheimlichere und bedrohlichere Wendung. Die Ereignisse der letzten Tage, setzte Ulla unvermittelt ein, hätten sie völlig aus der Bahn geworfen. Sie würde diese »Bekenntnisse« am liebsten sofort einstellen, ja zerreißen, denn ihr fehle jeder Abstand zum Geschehen wie zu sich selbst, und sie sei sehr verzweifelt.

Vor etwa drei Jahren, fuhr sie mühsam fort, habe sie »jemanden« kennen gelernt, einen ihr eigentlich völlig entgegengesetzten Menschen, der aus einer kühleren und weniger komplizierten Welt zu stammen schien, in der alles funktionierte. Ihm zuliebe habe sie ihre »Verschrobenheiten« abzustreifen versucht, Zurückgebliebensein, Scheu und Scham, so gut es eben ging, verborgen und sich um Normalität bemüht. Sie habe aufgehört, in ihr Tagebuch zu schreiben, zu malen und zuviel zu grübeln und habe darunter nicht einmal gelitten. Dafür habe sie mit dem Freund gesellige Orte wie Volksfeste, Bars und Tanzlokale aufgesucht, die ihr sonst immer zuwider waren. Selbstzweifel und Depressionen seien von ihr gewichen, und ihre Eltern seien begeistert gewesen über den »ersten anständigen Menschen«, den sie ins Haus gebracht habe.

Hier trat erneut eine Schreibpause ein, nach nur drei Seiten ungewöhnlich früh. Ullas Kräfte schienen aufgebraucht, doch die Dramaturgie der Ereignisse ließ ihr keine Ruhe. Am folgenden Abend, nach einem extrem heißen Tag (36 Grad im Schatten), saß Ulla wieder an ihrem Schreibtisch, genauer: ein Stockwerk tiefer an dem ihrer Mutter, eine Zigarette um die andere rauchend, von fetten Nachtfaltern umschwärmt. Hatte sie anfangs aus einem fast freudigen und als befreiend erlebten Impuls heraus geschrieben, so schien sie sich nun immer heftiger überwinden zu müssen. Das Schreiben wurde für sie zur »Mühe und Last« und schließlich zur »Strafe«, eine Ansammlung nur mehr von Satzstummeln zwischen Fragezeichen und Gedankenstrichen. Nur mir allein könne und wolle sie das Folgende mitteilen, nur meinetwegen habe sie ja diese Wühlarbeit auf sich genommen, diese »Qual«, dieses »Opfer«, doch zweifle sie mittlerweile, ob es – »wegen uns« – auch richtig sei.

Die Beziehung zu jenem jungen Mann, einem angehenden Journalisten aus – so ihre Mutter – allerbester Industriellenfamilie, sei immer enger und intensiver geworden, auch wenn der Freund nie ein Wort über sich, seine Gefühle und Zweifel gesprochen habe. Und obwohl er fast zwei Jahre jünger als sie gewesen sei, habe er sehr erwachsen gewirkt, von souveräner Ruhe im Umgang mit fremden Leuten, die in ihren Augen nur schrecklich und Furcht erregend waren. Sie habe ihn manchmal zu seinen journalistischen Terminen begleitet, zu Vorträgen über den Sinn des Lebens und neue Heilmethoden, vor allem in die Vereinsheime der Kleintierzüchter, Sänger und Jäger, und habe mit ihm zusammen, ja mit seinen Augen versucht, das kleinmeisterliche Geschehen zu verstehen, auch in seinen anrührenden Momenten und seiner Hilflosigkeit. Diese Abende seien für sie Erlebnisse gewesen, Begegnungen mit dem Unbekannten, die sie zu bleibenden Erinnerungen gemacht habe. Sie hänge an dieser Zeit und an allem, was damit verbunden sei, an Fahrten in den Odenwald etwa, kleinen Reisen, die sie an den Wochenenden mit dem Freund unternommen habe, am Geruch von Erde, Rinde und Feuerrauch, der leicht violetten Färbung der Felder im Vorfrühling.

Doch während der Freund das Schöne ganz im Augenblick erlebte und darin aufging, habe sie die fatale Neigung, sich am Tag schon an dessen Vergehen zu erinnern, sein tristes Ende vorauszuahnen und sich am Untergang zu weiden. Er sei nie so an das Vergangene angeschlossen gewesen wie sie, und das sei als unsichtbare Grenze immer zwischen ihnen gestanden. Er sei dann auf die Journalistenschule nach München gewechselt, dort an falsche Freunde geraten und habe auch eine neue, ihr gänzlich konträre Freundin gefunden. So sei es zum Bruch gekommen, der ihr, der tief Enttäuschten, damals endgültig erschien.

An dieser Stelle legte Ulla eine kurze Pause ein, wie um ein letztes Mal Atem zu schöpfen. Es sei halb zwei und sie plötzlich todmüde und könne ihre Gedanken nicht mehr kontrollieren, sie flögen davon aus ihrem Kopf. Doch müsse die Briefsache hier und heute zu Ende gebracht werden, zu welchem Ende auch immer. Sie rappelte sich also noch einmal auf und wischte die Nachtfalter beiseite, Seelenvögel Seidenvögel Hermeline, aschweiße Sommergespenster im Zigarettenqualm, während draußen Blitze zuckten und der Donner gleichsam zum Fenster herein rollte; doch der Regen blieb aus. Sie pries unsere gemeinsamen Erinnerungen, ihre und meine, die sie liebe (nicht mich, sondern die Erinnerung an mich), unsere Waldspaziergänge im Tannenduft, Theaterbesuche (sie nannte Fritz Kortners Münchner »Othello«-Inszenierung), unsere Gespräche über die Kunst; mein sie begeisterndes, aufrüttelndes Reden. Alles sei auf einmal so verworren, verquer und vielschichtig, sie könne es mir nicht erklären, da sie es selbst nicht recht begreife. Das Gewesene sei stets gegenwärtig, »wie schwarze Würmer in der Luft«, es sei nicht zu übermalen, breche immer wieder hervor, so Ulla, sie könne aber kaum darüber sprechen. Sie habe auch Angst vor mir, vor meiner Unbedingtheit und Klarheit, aber ebenso vor ihrer sich selbständig auf dem Papier bewegenden Schreibhand, den irre gewordenen Nachtfaltern, vor diesem Endlosbrief und seinen Folgen…

Und nun erst, auf der vorletzten und 18. Seite dieses gewiss spontan entstandenen und doch seltsam wohl gegliederten Bekenntnisbriefs, im Finale gleichsam, kam sie endlich auf den Punkt. Vor ein paar Tagen nämlich, just an jenem Sonntagabend, als ich die Sternschnuppe am westlichen Himmel verglühen sah, sei der treulose Freund unerwartet vor ihrer Tür gestanden. Er habe um Einlass gebeten und auf den Knien um Verzeihung gefleht, und »die Zaubermacht der Erinnerung«, so Ullas Worte, habe von ihr Besitz ergriffen. Dafür könne sie nichts. Sie sei im höchsten Maß gespalten und liebe uns nun beide (wobei sie »liebe« in Anführungszeichen setzte). Doch sie glaube weiter fest an »unsere Liebe« und wolle auch daran festhalten. Zunächst aber brauche sie Zeit, brauche sie Abstand, auch zu mir, um über sich selbst klar zu werden. Und sie schicke nun diesen Brief, diesen entsetzlichen, mit geschlossenen Augen ab.

Während ich den langen Brief in meiner Kammer las, traten mir, schon zum zweiten Mal in Wunsiedel, Tränen in die Augen und die Schrift verschwamm. Ich wollte die Tränen zurückhalten, aber es gelang mir nicht. Ich musste erst langsam begreifen, was sich hinter den mir vertrauten Kinderbuchstaben verbarg. Was wollten die windschiefen Worte mir sagen? Waren nicht meine finstersten Befürchtungen wahr geworden? Ich wankte zur Küche, um mir ein Glas Wasser zu holen, schwindelte, stürzte zu Boden, schlug mir die Stirn an der Spüle blutig. Die Ohnmacht dürfte nicht lange vorgehalten haben, denn ich hörte Frau Seiferts Stimme im Flur vor meiner Tür und konnte ihr antworten, dass alles in Ordnung und nur ein Stuhl umgefallen sei. Dann musste ich mich übergeben. Mit stechenden Brustschmerzen schleppte ich mich aufs Bett und weinte nun hemmungslos. Es war ein Zusammenbruch und wirklich ein Ende, ein Gefühlstod, dem in der Kindheit vergleichbar, als die Mutter mich im Heim zurückließ und nicht wiederkehrte, obwohl sie es versprochen hatte; der Gipfelpunkt all des Unheils, das mir in Wunsiedel widerfahren war und weit mehr als ich aushalten konnte. Es war auch der Liebesverrat Cressidas, über den Ulla schon seit Wochen ein Referat zu schreiben versuchte, mit dem sie nicht wirklich vorankam, ein Liebesverrat, der hier auf der Felsenbühne in einer den wütenden Schmerz und die Härte des Treuebruchs verschleiernden Aufführung mit dem Burgschauspieler als Troilus und seiner aktuellen Freundin in der Rolle der Cressida zu sehen war, brav aufgesagt: »Ach, Troilus, / Noch blickt mein eines Auge nach dir hin, / Das andre wandte sich, so wie mein Sinn.«

Alle Welt hatte sich gegen mich verschworen. Selbst Ullas überraschendes Bedürfnis, mir umfänglich aus ihrem Leben zu erzählen, kam nicht aus freiem Entschluss zustande, sondern verdankte sich allein dem unerwarteten Auftauchen des sie erneut bedrängenden Liebesverräters. Ich fühlte mich betrogen und verkauft, umso mehr, als ich in diesen Unglücksort eingesperrt war, der mich immer nur enttäuscht hatte. Ich verfluchte die Abgeschlossenheit des Fichtelgebirges, seine nach Osten geöffnete Hufeisenform, und Ullas Wankelmut. Ich verfluchte die lichte kleine Stadt und die finstere Luisenburg und zog die Gardine vors Fenster. Unsere Liebe hatte sich gleich bei der ersten Belastung als zu schwach erwiesen. Mein Konkurrent hatte die weitaus besseren Karten. Er war der Stärkere, Kühlere, Dominante, für ihn sprach eine längere, vielleicht auch intensivere Beziehung, eine in Ullas Augen verklärte Vergangenheit, gegen die ich nicht ankam. Außerdem war er in ihrer Nähe und konnte vor Ort nach Belieben agieren, während ich in Wunsiedel festsaß und nicht eingreifen konnte. Der Leierkasten in meinem armen Kopf surrte Tag und Nacht und wiederholte ständig die Worte: verlassen verraten verbraten vergessen verloren verschlissen beschissen weggeworfen…

VIII

Ich ging in meiner Kammer unablässig auf und ab, auch in der Nacht konnte ich keine Ruhe finden. Immer wieder zog ich Ullas Brief aus dem grünen Kuvert hervor, las die entscheidenden Passagen, die ich mit Blei angestrichen hatte, und versuchte sie auf eine für mich günstige Weise auszulegen, was mir nicht recht gelingen wollte. Gerade jetzt, dachte ich mir, liegt sie im Schwimmbad auf diesem flauschigen, blau-weißen Badetuch, im roten Bikini, mit großem Strohhut und Sonnenbrille, und dann, gegen Abend, sagte ich mir, »reagiert« sie auf ihn, den anderen, was immer reagieren für sie bedeutete. Jedenfalls traf sie sich mit dem mir unbekannten Konkurrenten (»du bist nicht mehr der einzige«), dem Eindringling, der so plötzlich aufgetaucht war und ihrer beider Vergangenheit zu seinen Gunsten bemühte, dem Liebesverräter, der meine Abwesenheit auszunutzen wusste und der am Ende wohl auch der Sieger sein würde, weil er unbedenklicher als ich zu Werk ging. Weil er Ulla mit Blumen und Telegrammen überhäufte und nicht abließ, sie anzurufen, bis sie schließlich, ganz gegen ihre Gewohnheit, den Hörer doch abnahm. Weil er vor ihrem Haus Posten bezog, weil er unverfroren die Tür aufdrückte, sich ihr zu Füßen warf. Weil er um Wiederaufnahme ins Haus am Professorenweg und in die Familie flehte und nun vermutlich in ihrem abgedunkelten Dachzimmer saß oder kniete oder lag, auf dem Teppich, im Sessel, im Bett... er wusste ja, worauf es ankam.

Mein Kopf klirrte, Brust und Glieder schmerzten, ein dumpfes Unbehagen, hirnleer, blechern, ausweglos. Ich vermochte keine drei Zeilen in einem Buch oder einer Zeitung zu lesen, ohne dass meine Gedanken zu Ulla abschweiften und ihre Gestalt umkreisten. Sowie ich ihr Bild ansah, bekam ich feuchte Augen. Auf der Straße, auf dem Weg zur Luisenburg oder beim Einkaufen, stöhnte ich manchmal so kläglich, dass sich die Leute nach mir umschauten. Ich bildete mir ein zu hinken, zu erblinden oder wahnsinnig zu werden, ich erhoffte es sogar. Ich sah mich nach Türmen um, von denen ich mich erfolgreich herabstürzen könnte. Ich beschäftigte mich ständig mit Ulla, redete auch im Gehen halblaut mit ihr, dachte mir Dialoge aus, lange Ferngespräche, die ich verlängerte, indem ich laufend Münzen in den imaginierten Apparat warf. Wurde Ulla mir nicht erst in dem Augenblick so wichtig, da ich Gefahr lief, sie zu verlieren…

Einmal kam ich von Ulla mit zerkratztem Oberkörper nach Hause, und meine Mutter sah mich besorgt an, als ich am Abend das Hemd auszog, um es in die Wäsche zu geben. Es war unsere erste Liebesnacht ein paar Wochen vor meiner Abreise nach Wunsiedel gewesen, eine Sommernacht mit Blütendüften und Grillengesang, Kerzenlicht, vom Wind bewegten Vorhängen im offenen Fenster. Nach längerem Zaudern hatten wir uns endlich unserer leichten Kleidung entledigt und waren unter das Leintuch geschlüpft. Schon meine ersten Zärtlichkeiten bewirkten bei ihr, die mir stets sanftmütig und etwas passiv erschienen war, einen völlig unerwarteten Sturm der Leidenschaft, eine sich jäh steigernde Erregung, der ich sprachlos zusah, ohne selber von ihr ergriffen zu werden. Sie stöhnte, verdrehte die Augen, biss mich in Schultern und Kinn, zerkratzte mir Brust, Schenkel und Rücken, warf sich auf mich, presste mich an die Wand. Schrie auf in vollkommener Abwesenheit, ohne an mich und meine Wünsche auch nur einen Augenblick zu denken. Ich kam mir wie ein Mittel zum Zweck ihrer sexuellen Befriedigung vor; ich selbst existierte überhaupt nicht. Als alles vorüber war, sagte sie zu mir in nüchternem Ton, fast geschäftsmäßig, als hätte sie das gerade Geschehene schon vergessen: Jetzt bist du dran. Aber ich konnte nichts tun, mein Glied hing schlaff herunter – ich war beschämt und beschädigt, einer, der nicht zum Zug kam, ein Versager.

Noch am selben Tag, als Ullas Endlosbrief mich zu Boden gestreckt hatte, zwang ich mich an den etwas zu niedrigen Schreibtisch und verfasste in einer krakeligen, von Unruhe bebenden Handschrift eine aus sieben großformatigen Seiten bestehende Antwort. Ich stellte Ulla vor die Alternative: *Er oder ich.* Und sie sollte sich *jetzt* entscheiden, *sofort.* Ein Drittes – etwa abwarten, wie sich die Dinge entwickeln, was vernünftig und ihr wohl auch am liebsten gewesen wäre – hatte vor meiner jugendlichen Unbedingtheit keinen Bestand, zumal es keine Waffengleichheit gab. Herr X, wie ich den Konkurrenten fortan nannte, hielt sich vermutlich ständig in ihrer Nähe auf, vielleicht wohnte er sogar in ihrem Elternhaus, während ich in der kerkerhaften Enge des Fichtelgebirges festsaß und mich höchstens brieflich einmischen konnte. Mir ergeht es nun, dachte ich wehleidig, wie Goethes Tasso, meinem Lieblingshelden, dessen Darstellung durch Will Quadflieg mich schon als Schüler für das Theater begeistert und gleichsam angeworben hat, was zu einer Folge deprimierender Niederlagen führte, die in Wunsiedel in einem vollkommenen Scheitern gipfelten. »Berstend reißt / Der Boden unter meinen Füßen auf…« Doch im Unterschied zu dem verstoßenen Tasso fehlte mir ein »Felsen«, an welchem ich mich im Untergang hätte »festklammern« können.

Zwar gab es zwei junge Männer vor Ort, die durchaus meine Freunde hätten sein können, doch scheu wie ich war, hielt ich sie auf Distanz. Klaus, ein aufstrebender Schauspieler aus Wien, der in Nestroys »Jux« den Lehrbuben Christopherl spielte und mit mir eine Zeitlang die Dachwohnung am Schönlinder Weg teilte, schien zu ahnen, was mit mir geschah. Er stellte besorgte Fragen und deckte für mich eines Morgens, bevor er zur Probe aufbrach, sogar den Frühstückstisch mit frischen Brötchen und Blumen. Siegfried, der im »Götz« den treuen Georg vorstellte, den ich selbst gern gespielt hätte, lud mich zu einem Badeausflug mit dem Auto in den finsteren Kurort Alexandersbad ein. Wir schwammen in dem weichen schwarzen Wasser des Teiches und trockneten uns, auf Baumstümpfen hockend, im herben Fichtenduft, von riesenhaften Libellen umschwirrt. Es war heiß und die Bremsen stachen. Springkraut, wilde Brombeeren und Disteln am Wegrand. Der Teich lag mitten im Wald und war teilweise mit Entengrütze und Wasserpflanzen bedeckt, die sich um meine Füße schlangen. Ich wollte einfach untergehen, in tiefere Schichten versinken und nie mehr auftauchen. Wir hätten Kaulquappen fangen können, sogar fette Karpfen, und ein Feuerchen entfachen, das eine weiße Rauchfahne ausgeschickt hätte. Ein trockener, leicht entzündbarer Waldboden mit Sonnenflecken, so weich das Laub vom vergangenen Jahr beim Gehen. Kein Mensch weit und breit, nur der glitzernde Bach rauschte im Talgrund. Erst gegen Abend drang das Sonnenlicht von Westen durch die Blätter. Manche Buchenstämme schimmerten wie von Scheinwerfern erhellt.

Um wieder zu mir zu kommen, unternahm ich stundenlange Spaziergänge. Einmal gegen Abend, wie immer allein unterwegs, fand ich am Rand eines Getreidefelds einen flaumigen hellbraunen Vogel, ein junges Rebhuhn, das auf dem Rücken lag, den Kopf seitlich ins Gras gesteckt. Das Tier war noch am Leben, es zuckte ab und zu krampfartig mit Beinen und Flügeln und öffnete den Schnabel zu einem lautlosen Schrei. Es blutete am Hals, vermutlich von einem Fuchs- oder Hundebiss, und Fliegen und Ameisen bewegten sich schillernd im Umfeld der Wunde. Ich hätte den zitternden Vogel von seinen Peinigern erlösen und mit einem Feldstein erschlagen müssen, aber ich konnte es nicht, schon die Vorstellung entsetzte mich. Ich war zu schwach und eilte davon. Doch hat mich das Bild des zuckenden, von Insekten bei lebendigem Leib ausgeweideten Rebhuhns durch mein weiteres Leben verfolgt und mich ständig an Wunsiedel erinnert. Immer wenn es mir besonders schlimm erging, in verzweifelter Lage, war es zuverlässig auch da.

>>Die Post bringt keinen Brief für dich.
Was drängst du denn so wunderlich,
Mein Herz, mein Herz…<<
(Wilhelm Müller, »Winterreise«)

Tag für Tag wartete ich vergeblich auf Post von Ulla, auf eine Antwort auf meinen siebenseitigen Entweder-oder-Brief, der ein einziger, hastig zu Papier gebrachter Hilfeschrei war. Ich lauerte dem Briefträger auf, oder ich suchte erregt das Treppenhaus ab nach einer vielleicht dort von Frau Seifert für mich hinterlegten Botschaft. Wurden die Briefkästen in diesem Ort überhaupt geleert? Ich hatte unendlich viel Zeit; so gut wie nichts lenkte mich von der Beschäftigung mit Ulla ab. In einem fort musste ich an sie denken, ich tat eigentlich nichts anderes mehr. Ich aß fast nichts, schlief nur wenige unruhige Stunden, das Lesen hatte ich eingestellt. Ich wusste um ihre Kindlichkeit, wusste, wie schwer es ihr fiel, selbst kleinste Entscheidungen zu treffen.

Nachdem ich mehr als eine Woche lang nichts von Ulla gehört oder gelesen hatte, durch Brechreiz und Schlaflosigkeit zermürbt und fast am Boden liegend, schleppte ich mich in das grün gestrichene Postamt am Bahnhof und versandte zum ersten Mal in meinem Leben ein Telegramm: »Warum antwortest Du nicht?

Brauche sofort gute Nachricht.« Doch auch an den folgenden Tagen erreichte mich kein Brief von Ullas Hand, kein Lebenszeichen. So rief ich, ganz gegen meine Gewohnheit, vom Postamt aus bei ihr an, aber sie nahm, wie erwartet, den Hörer nicht ab. Dafür erhielt ich von der Reiseredaktion der bedeutenden Wochenzeitung, der ich mein Stadtporträt von Wunsiedel geschickt hatte, einen Absagebrief. Man sehe leider keine Möglichkeit, mein Manuskript in näherer Zeit abzudrucken. Ich war womöglich noch unglücklicher als zuvor, tat jedoch vor mir selber so, als sei mir von nun an alles gleichgültig. Lief im Zickzack über die Stoppelfelder und bergan ins Gebirge, kletterte schroffe Felswände hoch. Besuchte erneut den verlassenen Badeteich in Alexandersbad und einen entfernteren in Nagel und versuchte mich in dem öligen Wasser zu ertränken. Spielte sogar mit einiger Leidenschaft in der Fußballmannschaft der Felsenmimen gegen die Wunsiedeler Stadtverwaltung mit und schoss zur Überraschung aller Theaterleute die zwei entscheidenden Tore. Selbst der Burgschauspieler, der – einen Bierkrug in der Hand – zuschaute, verstummte für kurze Zeit. Man hatte einem Geistesmenschen wie mir eine so elegante Ballbehandlung und einen so kräftigen Torschuss nicht zugetraut, man wusste ja von meiner Kinderheim- und Gassenerziehung, meiner Zeit als Straßenfußballer nichts.

Endlich, dreizehn Tage nach dem ersten, mich gänzlich vernichtenden Brief traf ein zweites, seltsam verworrenes Schreiben Ullas ein, in welchem sie mutmaßte, ich hätte ihr 19seitiges Nachtopus, worin sie mir »wirklich alles«, was über sie hereingebrochen sei, zu erklären versucht habe, nicht erhalten – ein so von ihr nie mehr herstellbares »Geständnis«, eine »Beichte« und für sie und auch für mich ein unersetzlicher Verlust. Woraus wiederum ich folgern musste, dass Ulla zwar das mahnende Telegramm, nicht aber meine vorausgehende siebenseitige Antwort bekommen hatte. Sie schien gänzlich die Fassung verloren zu haben und wirkte sehr verändert. »Es ist mir kaum möglich, Dich zu sehen«, stand kühl am Ende des relativ kurzen Briefes. Ganz von ihrem zugleich hilflosen wie entfesselten Ich beherrscht, hatte sie für mich kein tröstendes Wort übrig. Ob Herr X wohl so dreist gewesen sein sollte, meinen Brief einfach beiseite zu schaffen? Ein Griff in den unverschlossenen Hausbriefkasten genügte, und ich, der ferne Konkurrent, war einmal mehr im Nachteil.

Ulla schien sich täglich weiter zu entfernen, mir verstört davonzulaufen, sich abzuwenden und aufzulösen, ich konnte sie nicht festhalten. Auch der Sommer lief mir davon, die Sonne stach mir ins Kreuz, die Wegwarten (»so endlos blau«) und die Feuerbohnen blendeten mich. Kohlweißlinge taumelten vorbei. Der Vogelgesang war schon Mitte Juli verstummt, und der lautlose Monat August stand an; ich bemerkte es in meinem Elend kaum. Felder und Wiesen waren von der langen Hitze ausgetrocknet, Büsche ließen die Zweige, Rosen die Köpfe hängen. Rosskastanien markierten die Einfahrt zu einem Bauerngut, und die Blätter, bereits gelbbraun umrandet, rieselten vorzeitig herab. Die Samenkugeln der Platanen kreisten. In den Stallfenstern flogen die Schwalben ein und aus, und die Sperlinge schwirrten in den Brombeerhecken. Im Hof saß eine dicke Bauersfrau, ganz in Schwarz gekleidet und unfähig, sich ohne Hilfe aus ihrem Lehnstuhl zu erheben. Ich grüßte, und sie wies mir mit einer Krücke den Weg. Ich verlief mich in den staubigen Feldern, ich wollte verloren gehen.

Ließ mich am Waldrand nieder; wollte niemanden sehen. Die hellen Buchenstämme, dunkler Tannenduft. Bemoostes Holz, das bröckelt, zerfällt. Eine Lichtung voller Fingerhut, Digitalis, hochgiftig, die rot-violetten Blüten traubenförmig zusammengerückt, ein endloses Summen von Hummeln und Bienen. »Ach, ich möchte hinausgehen / und mich auf die Wiese legen / mit offenen Adern.« (Hilde Domin)

Früher Morgen, eine Mischung aus Kälte und Rauch, Holzfeuer, Kohlenfeuer, Briketts. Dann treten die ersten Signale des noch unsichtbaren Tages hervor, ein einzelner Vogellaut in der Stille, die Hähne dann, klagende Tauben, Krähen, eine zarte Färbung der Himmelsluft im Osten. Ein Fahrrad-Dynamo surrt: der Austräger der Morgenzeitung. Schritte der Arbeiter, die von der Nachtschicht kommen. Die ersten Blüten öffnen sich zur Sonne hin, deren Abbild sie sind… Ich allein auf einem Bahnübergang, einer eisernen Bogenbrücke, zwischen Schuppen und Schrebergärten am Saum der bewohnten Welt zu Fuß unterwegs, aufgewühlt nach durchwachter Nacht… Ich habe gerade mein erstes Gedicht in freien Rhythmen geschrieben, nicht mehr gereimt im strengen Metrum von Schillers Balladen, sondern ein Aufbruch ins Offene wie »Wanderers Sturmlied« von Goethe, ein *Schlossensturm* tobt, Wörter, Vers-Splitter, rebellisch dem Morgen entgegen gesungen. Ich komme mir wie Prometheus vor, der einsame Schöpfergott, Menschen formend nach meinem Bild, immer die Himmelskante entlang… Auferstehungsgefühle. Ein Zug pfeift, Licht trennt sich von Schatten. Die Spitzen der Gräser zittern, die Unterseiten der Weidenblätter blinken metallisch.

Mit sechzehn sah ich auf dem Theater »Torquato Tasso« von Goethe und war zuinnerst getroffen. Ich lernte das Stück Vers um Vers auswendig und trug es ständig den Bäumen und Waldvögeln vor, Will Quadfliegs emphatisch grollenden Redefluss nachahmend. Nie zuvor hatte ich etwas Wichtigeres gehört. Da litt ein Dichter, ein Fremder genauso wie ich an der Welt und den Menschen und drückte das aus, er fand eine hohe und doch mir nahe Sprache dafür. Ich war nicht mehr allein. Und vielleicht war mein ganzes folgendes Leben nur eine Fußnote zu diesem Ereignis. Es war eine tiefe Berührung durch Dichtung, mitreißende Verssprache, ein Tonfall, der mich auf Dauer verändert hat.

Küchengeruch, Bratenduft zieht von der Nachkriegszeit her aus den erhellten Kellerfenstern des »Europäischen Hofs«, vor denen meine Mutter und ich abends auf dem Heimweg in der Winterkälte stehen blieben, gierig schnuppernde Hungergestalten. Nie wieder hat es so anziehend gerochen wie damals. Manchmal stand eines der geriffelten Fenster weit offen, und wir sahen, wenn wir uns bückten, die weißen Köche mit ihren Kochmützen im wabernden Dampf mit blitzenden Töpfen und Pfannen hantieren oder Eisbomben mit chinesischen Papierschirmchen drapieren. Während wir so zuschauten, stellten wir uns die feinsten Gerichte der Welt vor (und kamen doch nur auf Dampfnudeln mit Vanillesoße und Schweinebraten mit Klößen), wir malten sie uns paradiesisch aus in unserem Hungerleiderdasein, bis uns die Spucke im Mund zusammenlief, und schlichen dann heimwärts in die ungeheizte Wohnung. Kein Holz, keine Kohlen im Keller und etwas halbwegs Gutes zu essen schon gar nicht.

Abendhimmel grünblau, erblassend. Das Wasser glänzt. Frösche und Grillen sind hörbar, Fledermäuse huschen dahin… Die Stimmen der Kinder im Zelt, so leise und etwas gedehnt wie die Stimmen der Vögel beim Einschlafen. Geißblatt, Jasmin; Wolkengespenster. Die Hasen rascheln im Stall. Der Hund springt einem Nachtfalter nach, oder ist es eine Heuschrecke, eine Maus? Er bleibt stehen – die schon sichere Beute ist weg. Ob er über sein Missgeschick nachsinnt, über sein Dasein als Wunsiedeler Hofhund…

Eine Sommerwiese im Spätlicht; aufkommender Wind. Die Kleeblätter zittern, die Vorhänge des Wohnwagens ebenfalls. Schwarze und braune Kühe auf der Weide. Zwei Pferde, ein kleines mageres weißes und ein größeres braunes, das dem kleinen das Sonderfutter missgönnt, das eine gütige Frau mit der Hand aus einem Bottich schöpft und ihm hinhält. Ein Teil der Wiese liegt schon im Schatten, nur die Pferde weiden noch im letzten Sonnenlicht, von Staren umspielt. Vom Waldrand her Taubengurren, das Hämmern eines Spechts. Eine goldene Raupe schiebt sich über den Weg, ein Rotkehlchen schwirrt von Zweig zu Zweig… Dicht am Waldrand eine Ferienanlage für Kinder; Holzhäuser, Baracken. Doch weder Stimmen noch irgendwelche Geräusche sind zu hören. Weshalb nicht beim Abendessen im Garten mit ihren Betreuerinnen die Kinder, beim Singen und Spielen unter den Obstbäumen? Vielleicht krank oder schon zu Bett und zur Nacht gebetet, und die Gespenster, aufgereiht an den Wänden des Schlafsaals, ziehen Grimassen.

Sommernachmittag in Königsfeld. Ein Schwarzwaldhaus mit rotem Dach auf einer Wiese, von Tannen umgrenzt; ein Sanatorium namens »Kinderweide«, ein privates Erholungsheim mitten im Krieg. Ich sehe das Haus und den Garten vor mir, den Lattenzaun, zuerst von oben, aus einer erhöhten Position, von einem Weg, einer Straße aus, die an dem Grundstück entlangführt. Die Kinder sitzen mit ihren Schwestern an weiß gedeckten Tischen bei Kakao und Kuchen, ein Sonntag vielleicht, Geschirr klappert, Gesprächsfetzen, Gelächter von weither… Dann stehe ich selbst mitten im Garten unter den Apfelbäumen, verlegen zwischen all den fremden Kindern, die mich anschauen, und eine Erzieherin sagt mit einer gewissen Feierlichkeit laut zu mir: *Wir haben alle auf dich gewartet.* Ich vertraue dieser Stimme, diesen Worten sofort, ich will ihnen glauben, ich widme der Mutter, die mich, angeblich zum Spielen, hergebracht hat, keine Beachtung mehr, sie wird mich ja, wie sie versprochen hat, gegen Abend wieder abholen. Warum sollte ich ihr, die sich anfangs zögernd, dann beinahe fluchtartig entfernt, länger nachschauen… Ich fühle mich auf- und angenommen, rede unentwegt, mit erhitzten Wangen, ich stehe für einen Moment im Mittelpunkt, und ich genieße das. Alle Kinder im Garten scheinen auf mich, den Ankömmling aus der Stadt, den Neuen zu hören.

Doch als die Zeit des Abendessens und des Schlafengehens naht, will ich nichts essen, ich will mich nicht ausziehen und waschen lassen, weigere mich auch energisch, das mir zugewiesene Bett im weiten Schlafsaal einzunehmen. Ich warte ja auf meine Mutter, ich weiß genau, sie wird mich abholen und mit mir nach Hause fahren, sie hat es mir doch versprochen, gleich wird sie zur Tür hereinkommen.

Aber sie kommt nicht, sie hat mich allein gelassen, sie hat ihr Kind ausgesetzt in der Fremde und sich davon gemacht, sie hat das Kind verraten, das sich nun in einem verzweifelten Zustand befindet. Man hat es betrogen. Es zittert, von Weinkrämpfen erfasst. In tiefster Verlassenheit rennt es gegen die Tür an, mit dem Kopf gegen die Wand, es will nur raus, nur weg von hier. Es verweigert weiter das Essen, es will nichts als tot sein. Man versucht es mit guten Worten zu beruhigen, mit Schütteln, dann Schlägen, mit Spritzen sogar, sperrt es schließlich in ein unbenutztes Zimmer im Dachgeschoss des Hauses, fesselt es nachts mit Gurten an das eiserne Bettgestell, auf dem es die folgenden zehn Wochen verbringen und sich kaum noch bewegen wird. Es ist verstummt, sein Widerstand scheint gebrochen, es spricht mit den Erzieherinnen nicht mehr, den Schwestern und Ärzten, kein einziges Wort. Es kann nicht mehr sprechen. Von den übrigen Kindern bleibt es abgesondert, es könnte sie anstecken mit seinem wilden Heimweh.

Diese so genannte Kinderweide ist in meinen Augen kein Heils-, sondern ein Unheilsort, der mich nicht gesund, sondern krank macht. Von jetzt an bin ich ganz allein auf der Welt, wie das Mädchen mit den Schwefelhölzern, sage ich zu mir und ahne zugleich, dass das Alleinsein auch eine Chance ist und fast ein Privileg. Von fern dringt das Knarren der Dielen und Dachbalken, das Scharren der Siebenschläfer im Gebälk, das Klappern der Kochtöpfe und des Geschirrs, das Rufen und Singen der Kinder in mein Ohr, ab und zu auch das Grollen einer Bomberformation am Sommerhimmel. Das alles betrifft mich nicht. Ich liege auf dem Rücken in meinem gestreiften Schlafanzug, ein Unruhestifter und Untergeher, den man schon noch klein kriegen wird in Königsfeld. *Von hier kommst du nicht mehr weg.*

In meiner Einsamkeit rupfe ich Wolle aus den Bettdecken, die auf mir lasten, und forme daraus Figuren, braune Püppchen und grüne Tiere, die einzigen Wesen, mit denen ich mich im Flüsterton unterhalte, die sich aber auch untereinander verständigen, ein erstes, vielfältig nutzbares Schauspiel-Ensemble, mit dem ich kleine Dramen, Kasperlespiele um Himmel und Hölle aufführe, indes draußen vor dem Fenster der summende Sommer vorbeizieht mit seinem Wolkentheater und den Geländespielen der Kinder, an denen ich nicht teilhabe. Auf der sich vor mir ausbreitenden Wiese, die ich sehen kann, wenn ich mich im Bett ein wenig aufrichte, wechseln Licht und Schatten in rascher Folge. Rehe und Füchse treten aus dem Unterholz hervor, verbeugen sich vor mir, auch die gezackten Tannen, die Fingerhüte und selbst die Fliegenpilze bewegen sich, wie an einer unsichtbaren Schnur gezogen, ruckartig im Kreis, bis ich schwindlig werde und einschlafe im Holzgeruch meiner Dachkammer.

Mit den Puppen hat wahrscheinlich die Theaterliebe angefangen, billige Kriegspuppen aus Stoff, mit Sägemehl oder mit Sand gefüllt, der bald hervorrieselte, auch mit Wolle, mit Lumpen; Puppen aus Gips, Zelluloid, Gummi, Porzellan (die feinen kühlen Gesichter; der auf dem Steinfußboden der Küche zersplitternde Puppenkopf, ein entsetzliches Geräusch, ein Unglück). Am liebsten spielte ich mit Puppen aus Holz, flachem bemaltem Holz. So ist mir eines Nachts bei Fliegeralarm auf dem Weg zum Luftschutzbunker, während ich schlaftrunken an der Hand meiner Mutter stolperte, die Holzpuppe in ein Kanalloch gefallen, und noch immer frage ich mich, aufwachend, wo sie wohl gerade sein mag in den verzweigten unterirdischen Gängen, vielleicht in den Mägen riesiger Ratten oder in einer Nische gelandet und irgendwann wieder aufgestiegen in die Oberwelt, und wie und mit wem sie dort weitergelebt hat, meine verlassene Puppe, fern von mir, ein ganz anderes, unbekanntes Leben.

Bald kamen die Handpuppen dazu, eine ganze Kiste voll, mit geschnitzten Holzköpfen, stand mitten im Zimmer, und alle redeten durcheinander von Liebe und Leid, während ich lauschend in meinem Bett lag. Ein kleines barockes Welttheater drehte sich, vom Schreiner aus rohen Brettern zusammengezimmert und von Hilde, meinem Kindermädchen, bunt bemalt mit einem Harlekin im weißblauen Rautenkostüm, der ein Krokodil überwältigt, und einem goldbehelmten Schutzmann, der den Teufel am Kragen packt. Woher die Handpuppen kamen, weiß ich nicht mehr, jedenfalls waren sie nicht neu, sondern abgeschabt; schon andere Kinder hatten mit ihnen gespielt und die Köpfe gegeneinander geschlagen, die Krone des Königs und die Hörner des Teufels waren abgestoßen, ebenso ihre Nasen, aber der König trug ein Gewand aus rotem Samt, und seine Gesichtszüge waren kühl und hoheitsvoll wie auf romanischen Ikonen. Noch eindrucksvoller war der Richter im schwarzen Talar, mit gebauschtem Barett und weißer Halskrause ausgestattet. Sein gelb verfärbtes Gesicht war streng in die Länge gezogen, die Mundwinkel tief nach unten gekerbt, die Nase überlang und gebogen, doch vorherrschend war das blau leuchtende Drohen der Augen, denen keine Missetat verborgen blieb. Ich war der Theaterdirektor und spielte für mich Nachmittage lang im Wohnzimmer unter der Böcklin-Kopie (»Die Toteninsel«) selbst erdachte Stücke vom Kasperl, der den Teufel bezwingt und die Königstochter heiratet.

Am tiefsten hat mich »Schichtls Marionettentheater« bezaubert – die Menschenähnlichkeit solcher Gliederpuppen, die ja, genauer betrachtet, an Schnüren herumgezerrten Toten gleichen. Schichtl, ein böhmisches Familienunternehmen, war nach seiner Vertreibung in den ersten Nachkriegsjahren in unserer Stadt gelandet und führte in Wirtshaussälen und Turnhallen Märchen auf, die dramaturgisch gar nicht so weit von meinen eigenen Stücken entfernt waren. Wenn ich die Augen schließe, sehe ich einen Jungen mit einem Zauberkoffer und eine Prinzessin auf einem fliegenden Teppich. Dem Fußboden entsteigen Gespenster, die – von dem Jungen mit einem Knüppel niedergestreckt – an anderen Stellen immer wieder auftauchen. Kasperl hüpft, ein Liedchen trällernd, einen Waldweg daher, indes im Gebüsch ein Räuber lauert, oder ist es ein Wolf? Im Schichtl-Theater bin ich auch zum ersten Mal dem Doktor Faust des Volksbuchs begegnet, dem Magier und Zauberer. Mir unvergesslich, wie am Ende der Höllenrachen den Faust verschlang und auch den Kasperl noch schlucken wollte, doch wir, die Kinder, haben ihn rechtzeitig gewarnt.

Diesmal stieg ich im »Kronprinz von Bayern« ab, dem vormals ersten Hotel am Ort, dessen Eingang noch immer weißblaue Rautenfahnen umwehten. An der Rezeption kauerte in einem Sessel ein alter Mann, der vor sich hinstarrte und in regelmäßigem Abstand »ohweh«, »ohje« oder »ohweia« stöhnte – Urlaute des Schmerzes, die aus einer tiefen Abwesenheit und Verwirrung kamen. Es war jedoch unverkennbar, dass er den Platz an der Rezeption als den seinen, ihm zustehenden ansah und nicht preisgeben wollte. Die Wirtin führte ihn an der Hand in ein Nebengemach, dessen Tür sie verschloss, und ich sagte zu ihr, während ich den Meldezettel ausfüllte, ich sei schon einmal in Wunsiedel und auch in diesem Hotel gewesen, vor vierundvierzig Jahren genau, zu Beginn der Intendanz von Christian Mettin. Der sei ja noch da, erwiderte die Wirtin zu meinem Erstaunen, um nach einer Pause trocken fortzufahren: auf dem Friedhof in Schönbrunn, von wo er einen vorzüglichen Blick auf die Luisenburg habe.

Der Weg von Wunsiedel über das Dorf Breitenbrunn nach dem Dorf Schönbrunn führt durch Wiesen und an Bächen entlang. Ein weißes Pferd folgt mir ein Stück weit, es schnaubt, es wiehert und dreht sich im Kreis, als wollte es mitkommen. Die Gasse fast menschenleer. Tiefe fränkische Bauernhöfe mit breiten Scheunen und üppigen Blumengärten, doch weder Kühe noch Schweine in den Ställen, nicht mal Geflügel, auch keine Arbeitsmenschen auf den Feldern zu sehen. In jedem Hof, jedem Vorgarten ein knurrender Hund, manche angekettet. Bellen angriffslustig, die Köter, wahren jedoch Abstand. »Fremder, ich hab dich zum Fressen gern«, steht an einigen Hoftoren. Die Dorfalten hocken in der Sonne, die Haut wie Leder, und schauen, wenn ich sie grüße, muffig zur Seite, sind misstrauisch, ja abweisend, obwohl einige von ihnen doch Fremdenzimmer vermieten… Rufen den Hund herbei, pfeifen nach ihm. Rauchen. Bedenken den Tag, das gestrige und das heutige Wetter, den Sommer, diesen und den vergangenen und den harten Winter dazwischen; das ganze Leben, die verrinnende Zeit. Was ist geschehen? So still das Dorf Breitenbrunn zwischen den Feldern, wie abgestorben. Kein Vieh auf den Weiden, und die Jugend längst weggezogen für immer… Ein erfrischender Wind kommt auf, ein Rascheln: Der Raps ist reif, kleine schwarze Pillen in schlanken, aufwärts weisenden Schoten. Ein Feuerlöschteich, am Bach eine Sägemühle, gestapelte Baumstämme, im Schuppen trockene Bretter von verschiedener Art und Länge. Die Lindenblüten, dicht mit Bienen besetzt. Schon die dritte tote Maus heute, zwei davon ohne Kopf. Ein hohes Zirpen aus dem Brachland, gelbe Margeriten… In der klaren Luft durch Blumenwiesen und frisch gemähtes Gras, immer südwärts, dem Licht entgegen; Tautropfen glitzern, Hähne schreien – es ist wie ein Sog, wie ein Rausch, als fange hier und jetzt, im Gehen, ein neues, kühneres Leben an.

Auf Schönbrunn zu steigt die von Ulmen beschattete Landstraße steil an. Ganz oben die gelbe Dorfkirche mit dem barocken Zwiebelturm und noch ein Stück darüber mein Ziel, der umsonnte Kirchhof. Das Grab des Intendanten Friedrich Siems, der mich zu meinem Unglück, das sich im Nachhinein noch als Glück erweisen könnte, hierher gelockt hat, ist nicht zu finden (vielleicht schon abgeräumt), doch die Ruhestätten seiner Nachfolger Christian Mettin und Hans-Peter Doll (dem ich vergeblich in Heidelberg vorgesprochen habe) sowie des Bühnenbildners Hans Joachim Weygold sind kaum zu übersehen. Besonders Dolls Grab wirkt gepflegt, als lebte vor Ort jemand, der ihm öfter frische Blumen bringt. Das hättet ihr nicht gedacht, sehr geehrte Herren, sage ich laut und nicht ohne Triumph in der Stimme, dass ich einmal zu euren Gräbern pilgern und so grauhaarig vor euch stehen und auf euch herabschauen, euch auch beschimpfen würde, ein Zurückgekehrter, so viele Jahre später, zu Fuß munter bergan im warmen Spätsommerwind – ihr Vernichter meiner Bühnenlaufbahn, ihr Widersacher meiner wie jeder anderen Kunst, die es ernst meint, ihr Halbherzigen, ihr Berufsfälscher, ihr Pfründner!

Wie sie so ruhig dort liegen unter dörflicher Erde und fränkischem Stein, im Angesicht ihrer Taten und Werke, dem hellen Segel der Luisenburg gegenüber, das zwischen den Fichten hervorlugt, als winkte es ihnen. Man hat sie eingegraben, mit Erde zugeschüttet und mit Steinen beschwert, damit sie den Lebenden nichts mehr antun können. Aber auch ihnen kann nichts mehr geschehen, ich kann sie für nichts mehr belangen, die Herren sind mir entwischt, ohne zuvor mit mir gesprochen zu haben, sie konnten sich mir entziehen, ohne dass ich es gleich bemerkt habe, sie haben sich verdrückt. Das Mimen-Geschrei ist verstummt, alle Intrigen vergessen, gelöscht das hinterhältige Gerede. Fast bin ich neidisch auf euch, so fern dem Theater und der Tragödie, die euch auch fremd geworden ist. Eine Stille, als gäbe es keine Kämpfe und Lügen mehr, nur die milde Schönheit des Himmelsblaus über den Grabhügeln, eine sanfte Amnesie.

Eine schlanke Frau mit Sonnenbrille, etwas älter schon, graue Strähnen im Haar und dezent geschminkt (»a weng hutzelig«), spricht mich an. Ich sei doch gewiss der Theaterleute wegen gekommen, sagt sie lächelnd und hält mich auch für einen von ihnen, was mir seltsamerweise schmeichelt. Ob sie auch vom Theater ist, vielleicht die geheime Geliebte eines Intendanten oder eine ehemalige Sängerin? Sie komme seit Jahren, zumindest im Sommer, fast jeden Tag hierher und wisse über dies und das Bescheid. Den Doktor Mettin habe sie noch gekannt, ein eleganter Herr, immer etwas zynisch und abwesend, als grüble er über sich selbst. Doll habe sich ständig als Retter vom Dienst und kleiner König gefühlt. Doch wahrscheinlich sei nur der Pionier Friedrich Siems mit dem Herzen ganz bei der Sache gewesen. Einmal wären Schauspieler mit Sektflaschen vorgefahren und hätten deren Inhalt über den Intendantengräbern vergossen. Auf dem gewellten Gras zwischen den Einfassungen hätten sie Picknick-Körbe verteilt, die Totengräber-Szene aus Shakespeares »Hamlet« improvisiert und Narrenlieder gesungen. Und die Grillen, Heuschrecken und Schmetterlinge hätten dazu getanzt; ein hohes, lang anhaltendes Summen von Bienen und anderen Elfen… Schon ist die schöne Dame zwischen den Grabsteinen verschwunden, noch bevor ich sie nach ihrem Namen und Beruf fragen konnte.

Auf dem Rückweg ist nur fernes Bachrauschen zu hören, und die Baumwipfel bewegen sich sacht vor der Abendsonne. Immer längere Schatten. Ein bräunlicher Flor über den Feldern. Ein

Habicht über mir; ein Rasenmäher heult auf. Weiße Wolken wie Schiffe, wie Türme, wie zerfledderte Kontinente. Ein schwarzer Hund streicht vorbei, das Ende eines Stricks um den Hals, die Nase am Boden; vielleicht ein entlaufener Breitenbrunner Hofhund. Meine Zeit am Theater, hier wie andernorts, dieses Gewürge damals, meine Hilflosigkeit in der Bühnenhorde, verzweifelt auch über mich selbst – und nun so ein frischer Wiesenduft, dieses Sommerglück, dieser Erzählwind in allen Poren... Ein Ort, der mir der lieblichste hätte sein können, war mir damals der kälteste und unwirtlichste. Den Aufwind ausnutzen, dem Schmetterlingstanz, solange es geht, folgen, mir die einzelnen Bilder genau merken und gleich auch richtig einordnen im Kopf, sie zurecht schleifen im Wiederholen und grasgrün einfärben, damit sie passen und nicht verschwinden mit dem auslaufenden Jahr und der surrenden Zeit, sondern eingehen ins Werk... Pferdeäpfel am Wegrand, mit Käfern wie mit Perlen besetzt. Kürbisblüten, so groß wie Kinderköpfe, wie gelbe Trompeten. Ein Regenwurm krümmt sich auf dem Asphalt; ich kehre um und setze ihn ins Gras. *Werd es dir danken und dir vergelten...* Wenig später liegt eine tote Saatkrähe mit hervorgequollenen Innereien auf der Fahrbahn; einer ihrer Flügel bewegt sich im Wind. Auch sie wird mit Hilfe zweier Stöcke geborgen. Ein blauer Gartenstuhl auf einer Wiese vor einer Rosenwand. Die Gärten quellen über, einer üppiger als der andere, Hortensien, Zinnien, Dahlien; auch Riesenzwerge darunter, Keramik-Rehe, Frösche und Enten, ein ganzes Schneewittchenhaus, als gäbe es keine Qualen und Lasten mehr auf der Welt.

IX

Ich unternahm einen letzten Versuch, verfasste mit fliegender Hand einen umfänglichen Brief an Ulla, 17 randvolle Seiten, die ich, um sicher zu gehen, dass sie nicht wieder abhanden kamen, eingeschrieben und per Eilboten abschickte. Obwohl oder gerade weil ich ahnte, dass ich den Kampf um Ulla bereits verloren hatte, schilderte ich meine inwendige Verwundung und Zerrüttung in den grellsten Farben, malte ihr, ein wenig wie Werther, mein Liebesleid aus. Mir sei, ließ ich in Kleists Manier verlauten, »eine Welt eingestürzt«; mein Vertrauen zu anderen, besonders zu Frauen, sei auf Dauer gestört und ich gänzlich am Boden vernichtet. Ich irrte, fuhr ich fort, wie ein verrücktes Tier im Kerker umher, halblaut mit mir selbst und mehr noch mit ihr und ihrem Bild redend. Ich verurteilte ihren Egoismus und ihren Wankelmut, bejammerte meine traurige Lage und buhlte um Mitgefühl, indem ich auf unsere innigen Frühlingswochen anspielte, ihr unser erstes Zusammentreffen in einem Shakespeare-Seminar vor Augen rückte und im Gegenschnitt den durch ihren so schmerzhaften Brief bei mir ausgelösten Schock beschwor, auch Todeswünsche andeutete.

Zugleich gab ich vor, Ulla die Entscheidung zwischen mir und Herrn X, an dem ich kein gutes Haar ließ, obwohl ich ihn gar nicht kannte, zu erleichtern und mich freiwillig zurückzuziehen, wenn sie mir zuvor ein deutliches Wort sagen würde. Nur dürfe sie mich nicht länger im Unklaren lassen. Eine rasche Entscheidung sei zu meiner Beruhigung nötig. Sie solle mir ein Telegramm schicken, schrieb ich, drei Wörter genügten, ich wolle keine Erklärungen lesen, nur Fakten zählten. Sie möge einfach schreiben: »Ich wähle Herrn X« oder »Geh zum Teufel«, und sie würde nie wieder etwas von mir hören. Ich würde fortan die Heimatstadt und selbst die Nähe der geliebten Mutter meiden, denn ihr, Ulla, noch einmal zu begegnen, und sei es zufällig, wäre für mich unerträglich, eine peinliche Qual, so als ob nicht sie mir, sondern ich ihr Kummer zugefügt hätte.

Wenige Tage später erhielt ich von Ulla eine recht knappe, ebenfalls eingeschriebene Antwort. Ja, ich hätte richtig vermutet, mein vermisster Brief sei wirklich von Herrn X abgefangen und beiseite geschafft worden. Und sie könne auch begreifen, dass er der Versuchung vorm Briefkasten nicht widerstehen konnte und eifersüchtig hineingegriffen habe. Sie sei sich jedoch sicher, dass er meinen Brief nicht geöffnet und gelesen habe – »so etwas würde er nie tun!« –, sondern ihn der nahe stehenden Mülltonne zugeführt habe. Er sei doch kein neugieriger oder geschwätziger Mensch.

Vor allem jedoch wolle und müsse sie mir nun ehrlicherweise mitteilen, dass sie Herrn X liebe. Sie sei endlich so weit, das zu wissen, auch wenn es für mich vermutlich unbegreiflich sei. Man könne das Ende einer Liebe nie verstehen. Sie sei sich sicher, Herrn X, der sich in einer schwierigen Situation befinde und ihre ganze Zuwendung brauche, zu lieben, soweit man überhaupt sicher sein könne. Sie leide aber gleichermaßen mit mir, sie ahne, wie mir zumute sei, wie deprimiert ich sein müsse, und denke häufig an mich und dieses seltsame Wunsiedel, das sie nun doch nicht kennen lernen werde. Wir könnten uns ja weiterhin schreiben. Und ich möge jetzt bitte nichts überstürzen und ja keinen Fehler machen, schrieb sie abschließend… ich hörte ihre Stimme, die immer so klang, als ob sie für alle Welt Mitleid empfinde und für Jeden

Verständnis habe. Ich müsse mich beruhigen, auch meiner Mutter zuliebe, die mich brauche, meine literarischen Talente bedenken und etwas daraus machen. Ob ich mich denn nur im Extremen wohl fühle?

Nun hatte ich endgültig ausgespielt und auch diese letzte Rolle verloren, die des Liebhabers einer geheimnisvollen Frau. Ich fühlte mich stumpf und ausgesogen, vollkommen leer. Herr X war jedenfalls ständig in Ullas Nähe, er wohnte im Haus, und ihre Mutter schien im Hintergrund die Fäden zu ziehen, während man mich wegen Unbeherrschtheit aus dem Spiel genommen und ausgesperrt hatte. Um mich ein wenig zu revanchieren, schrieb ich Ulla auf einer Theater-Postkarte, auf welcher ich selber als Gerichtsschreiber, einen Federkiel in der Hand, abgebildet war, ich plante, meine Zelte in Wunsiedel vorzeitig abzubrechen und würde in spätestens drei Tagen zu einer Aussprache bei ihr sein.

Postwendend traf ein Brieftelegramm ein, in dem nur der unbestimmte Satz »Ich bin in der Abreise« enthalten war. Im ersten Moment legte ich die fünf Wörter selbstbezogen so aus, dass Ulla ihre Ansicht revidiert hatte und im Begriff war, *zu mir* aufzubrechen, und schäumte über vor Freude. Ich räumte in Eile mein Zimmer auf, kaufte Blumen und gab der Wirtin Bescheid, sie möge, falls Ulla während meiner Abwesenheit auf der Luisenburg eintreffe, sie erst einmal in mein Zimmer führen. Bis mir am Ende des Tages, da Ulla noch immer nicht eingetroffen war, klar wurde, dass sie überhaupt nicht vorhatte, zu mir nach Wunsiedel zu reisen, sondern im Gegenteil vor mir floh mit unbekanntem Ziel. Ich brauchte erst gar nicht nach Heidelberg aufzubrechen, so der Orakelspruch, weil ich Ulla dort nicht mehr antreffen würde. Vielleicht war sie mit ihrer Mutter nach Südfrankreich geflohen, wo diese in der Nähe von Orange ein Landhaus besaß, vielleicht auch mit Herrn X zusammen nach Venedig, ihrer Lieblingsstadt gereist.

»Ach diese Lücke! diese entsetzliche Lücke, die ich hier in meinem Busen fühle! – Ich denke oft, wenn du sie nur einmal, nur einmal an dieses Herz drücken könntest, diese ganze Lücke würde ausgefüllt sein.«

(Goethe, »Die Leiden des jungen Werther«)

Nein, ich trauere meiner Jugend nicht nach, jetzt nicht mehr, seit ich ein wenig Bescheid weiß und dies stille Feuer in mir fortbrennt. Ich vermisse die Jugend nicht, sie war voller Enttäuschungen, Irrwege, Torheiten und nahe am Abgrund gebaut. Und es ist mir im Lauf meiner Jahre, je grauer ich wurde, auch immer besser ergangen, zumal die Beweglichkeit des Geistes eher zu- als abnahm. Ich lernte zu differenzieren und fand mich im Alltag einigermaßen zu Recht. Ich hatte auch kleinere Erfolge, berufliche wie private, hielt mich aber ständig am Rand auf und kämpfte allein. Die Jugend kommt unbedingt daher, polternd und unwissend. In meinem Fall war es eine Mischung aus Anmaßung und Furchtsamkeit, Ich-Besessenheit und Depression, aus Besserwisserei und der Unfähigkeit, standzuhalten und etwas zu leisten. Meine eine Seite konnte unvermittelt in die andere umschlagen, ohne dass ich es bemerkte. Ich lief tatsächlich wie ein offenes Messer herum, an dem man sich schneiden konnte. Ich hatte die allerhöchsten Ansprüche an mich, an die anderen und an den Weltkreis, brachte aber so gut wie nichts zustande. Erst das Alter (oder der Abstand von mehr als vierzig Jahren) ermöglicht einen gelassenen Rückblick, sogar eine gewisse Bescheidenheit und Einkehr, Um- und Auswege… Staunen über mich selbst.

Mein Hirn (mein Ich), notierte ich im Sommer 1964, verliert die Orientierung, es beginnt zu halluzinieren, versteht sich und seine Arbeit nicht mehr. Es beherrscht seine Sprache nicht mehr, sie ist krank. Es stottert, alles zerfällt ihm, löst sich auf, zerkrümelt. Nur die Flucht nach Hause könnte mir vielleicht helfen.

Meine Mutter kommt mir auf einer leeren sommerlichen Straße entgegen, im sandfarbenen Kamelhaarmantel, viel zu warm angezogen. Weshalb ist sie, zumal bei dieser Hitze, mit dem Zug nach Wunsiedel gefahren, ohne mir vorher etwas zu sagen? Vom Bahnhof aus biegt sie mit ihrem Koffer in die Döbereiner Straße ein, wo ich für sie ein Zimmer im Erdgeschoss eines hellen Hauses bei einer Familie Schübel gemietet habe, unseren kleinen Hund, einen Rauhhaardackel an der Leine. Sie wirkt müde von der Reise, ist blass und hohlwangig, aber auch glücklich, mich wieder zu sehen und zu berühren, endlich in meiner Nähe zu sein. Dann höre ich nur noch ihre sanfte Stimme, die ganz deutlich in mein Ohr sagt: *Was für ein schöner Abend heute.*

Die Ausflüge mit ihr auf Wald- und Feldwegen, zum Zollstock, zum Weißen Stein, sie in einem blauen Sommerkleid, unter Obstbäumen, leichten Schritts, noch immer jung und schön in meinen Augen, doch bereits schwer atmend und häufig innehaltend beim Aufstieg mit klopfendem Herzen. Und daneben ich, der kleine Egoist, der fortwährend schwätzte, ohne ihre Einsamkeit zu bemerken, noch mit zwanzig ein mitleidloses, unwissendes Kind. Ich blieb aus purer Schwäche bei ihr. Wo sonst hätten meine hochfahrenden Reden über die wahre Kunst, mein kindisches Zetern und Toben, mein Gejammer über die Sinnlosigkeit der Existenz mehr Aufmerksamkeit gefunden; wo hätte ich mehr Zuwendung erfahren…

Zur Ablenkung machte ich mich wieder an die Geistesarbeit. Ich bemühte mich, das in Wunsiedel Erfahrene aufzuschreiben, es in eine poetische Prosa zu fassen, doch es wollte mir nicht recht gelingen. Ich war unruhig und voller Angst, konnte mich schlecht konzentrieren und floh bald den Schreibtisch. Unter einem gewittrigen Himmel, im Felsenmeer, studierte ich Clemens Brentanos verwilderten Roman »Godwi«, ein genialisches Jugendwerk mit lyrischen Einlagen, das die freie Sinnlichkeit und den Müßiggang feiert, hastig hingehauen und trotz der witzigen Maskerade nur mit äußerster Anstrengung lesbar. Auch der Schluss wirkt satirisch überdreht: Der Erzähler des Buches, Maria, stirbt am Wortwitz, so dass der Held, Godwi, gezwungen ist, den Roman selbst zu Ende zu schreiben, indem er vom Tod des Autors berichtet.

>>Ist es denn wahr? Kann denn der Mensch nicht lieben?
Ist keine Wahrheit in dem dunklen Leben?
Wird jeder Schmerz im Tode nur gesund?<<

(Clemens Brentano)

Mit Siegfried, dem neu gewonnenen Freund, unternahm ich an spielfreien Tagen einige wahrhaft romantische, den Kummer eindämmende Ausflüge, Entdeckungsreisen in die fränkische Vergangenheit. Zuerst steuerten wir die berühmte Basilika Vierzehnheiligen an, eine Wallfahrtskirche, die den vierzehn Nothelfern gewidmet ist, die als heilige Märtyrer starben. Sie liegt auf einer Anhöhe über dem Main und ist mir als der schönste Barockbau, den ich je gesehen habe, in Erinnerung geblieben... besonders die leicht vorschwingende Fassade Balthasar Neumanns mit den aufragenden Westtürmen aus gelblichem Sandstein. Der helle Innenraum ist ganz auf den Gnadenaltar zentriert, in dessen Fundament sich die erdige Stelle befindet, an welcher das Jesuskind im Jahr 1446 einem Schäfer namens Hermann Leicht dreimal erschienen sein soll. Gegenüber, auf der anderen Mainseite, antwortet das ältere, nicht ganz so prächtige, längst aufgegebene Kloster Banz mit seinen Kirchtürmen.

Und dann der Bamberger Dom. Er verfügt, anders als die mir vertrauten Kaiserdome von Speyer und Worms, noch über einen Teil seiner ursprünglichen Ausstattung aus dem Mittelalter, also Chorschranken, Skulpturen der Heiligen aus Holz und Stein, Schnitz-Altäre, ein Kaiser- und ein Papstgrab, die Grabplatten der strengen Fürst-Bischöfe und Hexenbrenner, Reliefs, Taufbecken, Kruzifixe, Silbergefäße, Reliquiare – Gegenstände, die andernorts calvinistischen Bilderstürmern, französischen Marodeuren oder einer beflissenen Säkularisation zum Opfer fielen... Der steinerne Domreiter am Nordpfeiler des Georgenchors blickt von seiner Akanthuskonsole auf die Sterblichen herab wie vor acht Jahrhunderten, als würde er gleich *Dominus vobiscum* sagen, ein ernster schlanker Jüngling mit Königskrone, zu Pferd, doch ohne Rüstung, waffenlos, ein Ausspähender und Fremdling auf Erden, *noli me tangere*. Dass er einst farbig bemalt war, ist schwer zu begreifen. Wen mag die rätselhafte Skulptur darstellen? Einen heilig gesprochenen Kaiser, einen königlichen Franken oder Staufer? Einen messianischen Reiter und Friedensfürst, den Herrscher eines kommenden Reichs, den wiederkehrenden Messias selbst? Wolframs Parzival, den Muttersohn, den Vaterlosen, Reinen... War er gar ein Ahne Claus von Stauffenbergs, wie man im Kreis um Stefan George munkelte? Je länger ich mir den Reiter ansah, umso mehr schien er meinem Freund Siegfried zu gleichen, der aufrecht neben mir stand, Vogel-Freiheit, Vogel-Umblick verkörpernd. Ich konnte die Augen kaum von ihm abwenden.

Ein andermal brachen wir in das tschechische Grenzgebiet auf, eine herbe Landschaft. Besuchten die tausendjährige Burg Hohenberg an der Eger, in deren Nähe ein einsamer amerikanischer Panzer den mit Stacheldraht bekrönten Grenzzaun und die maroden Wachtürme observierte. Bei dem Ort Schirnding missachteten wir alle warnenden Hinweise, überwanden übermütig die

Landesgrenze und drangen ein Stück weit in Feindesland vor, um Eger und Karlsbad zu befreien. Wir fühlten uns ein wenig als Helden, robbten unter Zäunen hindurch, warfen mit Steinen und Knüppeln nach den Türmen und schweiften ins Unterholz aus, ohne dass irgendetwas passierte.

Im nahen Dorf Konnersreuth schlossen wir uns dem Pilgerzug zur Grabstätte der stigmatisierten Bauernmagd Therese Neumann an, mischten uns unter die Krüppel und Kranken, die den Rosenkranz betend die Lippen bewegten. Muss man in dieser Gottes-Landschaft, dieser Marienluft, nicht an Wunder glauben? Die Resl von Konnersreuth war knapp zwei Jahre zuvor gestorben und zog noch immer, besonders an Feiertagen, an denen einst ihre Wundmale aufzubrechen pflegten, viel gläubiges Volk an, das zu ihr aufsah und ihre Seligsprechung verlangte. 36 Jahre hat sie, wie uns eine Nonne versicherte, außer der Heiligen Kommunion, weder gegessen noch getrunken. Zeugt das nicht auch von Hochmut, ja von Größenwahn, über so lange Zeit nahezu nichts zu sich zu nehmen, nur um sich als von Gott Erwählte zu präsentieren und sich über die anderen zu stellen... Ich hätte ihr dienen können als eine Art Schreiber und Gottesknecht, demütig wie Clemens Brentano, der fast fünf Jahre lang am Krankenbett der stigmatisierten Nonne Anna Katharina Emmerich in Dülmen in Westfalen zubrachte und ihre Visionen niederschrieb.

Wir besuchten auch die inmitten von Feldern und Wiesen auf dem Glasberg gelegene Wallfahrtskirche Kappel, der heiligen Dreieinigkeit wegen auf dreipassförmigem Grundriss erbaut von Georg Dientzenhofer und von drei skurrilen Zwiebeltürmchen überragt. Ich entzündete eine Kerze, versuchte – nicht zum ersten Mal in diesen Wochen – zu beten, was Siegfried als knechtisch missbilligte, doch auch hier, in völliger Abgeschiedenheit, gelang es mir nicht, zu Gott zu sprechen. Ganz in der Nähe der Ort Waldsassen mit seiner berühmten Klosterbibliothek, deren Galerie von geschnitzten Großfiguren getragen wird, die in ihrer grotesken Bewegung Szenen aus Sebastian Brants »Narrenschiff« und Georg Rollenhagens »Froschmeuseler« nachspielen und zugleich etwas mit der Papier- und Buchherstellung zu tun haben. Nur ein kühner Schritt oder besser ein Kniefall war nötig – der Eingang ins Kloster stünde mir offen, und ich könnte mich fortan ungestört dem Studium der hier versammelten Handschriften und Bücher widmen...

Über das Betriebsbüro der Luisenburg-Festspiele gelang es mir, eine Karte für die Bayreuther Festspiele zu ergattern, wo ich einer Aufführung der »Meistersinger von Nürnberg« mit gemischten Gefühlen beiwohnte. Ich fand das Festspielhaus auf dem Grünen Hügel reichlich pompös, während es im Nachhinein betrachtet seinen Zwecken durchaus angemessen und fast bescheiden wirkt, ein Fachwerkbau aus rotem Ziegelstein. Der ansteigende, mit Holz verkleidete Zuschauerraum mit dem unsichtbaren Orchester und den nicht gepolsterten Sitzen erschien mir schon damals, als Kontrast zu dem festlich herausgeputzten Publikum, das ihn füllte, extrem karg. Richard Wagners Musik kam mir abwechselnd leer und lärmend, dann wieder höchst subtil und anrührend und sogar mitreißend vor, ein begeisterndes, nicht endendes Rauschen, dem ich mich auslieferte... dieses stete Anschwellen der Töne, dieses kaum mehr für möglich gehaltene Überschreiten der Gefühle, ein Jubeln, Wühlen, Kreiseln, ein Aufbruch zu immer höherer Klarheit... Entgrenzung, Erlösung – sehnen sich nicht alle danach? Bei Hans Sachs' Takten »Was duftet doch der Flieder / So mild, so stark und voll« oder »Dem Vogel, der heut sang, / Dem war der Schnabel hold gewachsen«, meinen Lieblingsstellen, liefen mir Schauer über den Rücken, ein Glücksgefühl, das ich seither auch mit dem hervorgehobenen Ort und der mystischen Frankenlandschaft verbinde. Enttäuscht war ich von Wieland

Wagners Regie, die ich so konventionell nicht erwartet hatte. Ich störte mich auch an der oft unbeholfen archaisierenden Verssprache des Meisters. Besonders irritierte mich die das Werk abschließende Feier der »heil'gen deutschen Kunst«, wobei Jubelchor und Solisten, in sechs Reihen nahe der Rampe aufgebaut, frontal ins Publikum sangen.

Doch was ist im Ernst gegen Richard Wagners Libretto, das einige Jahre vor der zweiten Reichsgründung entstand, vorzubringen? Es mag manchmal etwas hausbacken klingen, auch unfreiwillig komisch, aber worin liegt seine »Gefährlichkeit« (die Regisseure heutzutage modisch unterstellen, indem sie Hans Sachs zur »pro-faschistischen Führerfigur« herrichten, die es zu zerstören gilt)? Sind nur einige Zeilen verdächtig oder ist es das ganze Werk? »Verachtet mir die Meister nicht, / Und ehrt mir ihre Kunst!« mahnt Hans Sachs die auf der Festwiese versammelte Menge (und weshalb sollte man auch die poetische Tradition des Meistersangs verachten?), um prophetischen Tons, wenn auch im Konjunktiv, zu enden: »Zerging in Dunst / Das heil'ge röm'sche Reich, / Uns bliebe gleich / Die heil'ge deutsche Kunst!« Mag auch das alte Reich und mit ihm die politische Macht untergehen (zu Sachsens Zeit kaum vorstellbar, doch in Wagners Ära längst wirklich geworden), so bleibt uns Eingeweihten zumindest die große deutsche Kunst, auf die es eigentlich ankommt, als Sage und Mythos erhalten. Klingt es nicht mehr wie eine Beschwörung als wie eine Gewissheit? Dieser harmlose Idealismus, der seiner patriotischen Sache nicht ganz sicher zu sein scheint, erregte meinen liberalen Unwillen so sehr, dass ich auch die besondere Qualität des Orchesters und der Sänger (unter ihnen die junge Anja Silja) nicht angemessen würdigen konnte.

Die Jean Paul-Stätten in Bayreuth habe ich leider versäumt, etwa die »Rollwenzelei« mit der Studierstube des Dichters, die er am

Morgen mit Ranzen und Pudel aufzusuchen pflegte, das letzte Wohnhaus in der Friedrichstraße, das Grab, das er mit dem Sohn, der vor ihm starb, teilte. Dafür unternahm ich einen Abstecher in das der Zeit entrückte Kuhdorf Joditz an der Saale, in welchem der spätere Weltendichter Johann Paul Friedrich Richter seine Kindheit zugebracht hat – ein Flecken mit wenigen schlichten Häusern, Bauernhöfen, kargen Gärten. Aus solcher Enge kam er also, der Dichter der Himmelsweite, hier fand und sammelte er seine kosmischen Bilder. Er träumte viel, hatte Gesichte, erlebte Ekstasen, zeitweise leugnete er Gott. Die kleine einschiffige Barockkirche mit dem mächtigen Glockenturm, von deren reich geschmückter und vergoldeter Kanzel Jean Pauls früh gestorbener Vater predigte, auch das lang gestreckte, ockerfarbene Pfarrhaus, das Schulhaus, das Wirtshaus und der Kirchhof sind noch vorhanden, ebenso das alte Sägewerk am Dorfbach, in dem die Forellen blinken. In der Dämmerung die scharfe Mondsichel über dem Hügel und glänzend im Mühlteich. Das vergnügte Schulmeisterlein Maria Wutz wirkte und starb hier in »Auenthal«. Auch Walt und Vult, die so gegensätzlichen Zwillingsbrüder und Helden der »Flegeljahre«, entstammen dem Kindheitsort, der im Roman »Elterlein« heißt.

> »Die Landschaft stieg bald rüstig auf und ab, bald zerlief sie in ein breites ebenes Grasmeer, worin Kornfluren und Raine die Wellen vorstellten und Baumklumpen die Schiffe.«
>
> (Jean Paul, »Flegeljahre«)

Ein romantischer Wanderweg führt von Joditz nach dem Städtchen Hof, etwa zehn Kilometer an der trägen Saale, nebligen Uferwiesen entlang; Schlehen, Erlen und Vogelbeeren im weiten Tal, Mohnfelder. Auf halbem Weg trifft man auf das Grab von

Jean Pauls jüngerem Bruder Heinrich, der hier im Winter 1789 ertrunken ist. Unklar, ob er sich aus Verzweiflung selbst in den Fluss gestürzt hat oder im Streit von einem Saufkumpan, einem Rotgerber, von der Brücke gestoßen wurde. Der Dichter, der als Kind häufig zu Fuß zwischen Hof und Joditz unterwegs war, soll das Grab später auch bei Nacht aufgesucht haben, eine Laterne in der Hand. Ob er sich schuldig wähnte angesichts der bitteren Armut der Mutter und der Geschwister, an der er mit Schreiben vorerst nichts und mit Stundengeben wenig ändern konnte? Er war nun einmal der älteste Sohn und fühlte sich für die Familie, die in Hof in *einem* Zimmer hauste, verantwortlich. Und die Nacht so finster, als wollte es nie wieder hell werden. *Da hab ich noch im Dunkel die Augen zugemacht.* Ob sie ihn anzog in ihrer Gottverlassenheit, die Landschaft, die Nacht, das unterirdische Lemurenleben… eine heimliche Angstlust, Lustangst? Ob ihn der Bruder und die zahllosen anderen Toten riefen? Er legte sich auf die Erde und lauschte auf die Signale und Stimmen, die durch den Raum zogen… Der Fluss rauscht, der Waldboden knirscht. Früchte fallen herab, ohne dass man sie sieht. Und die Nachtfalter fliegen in Schwärmen auf.

»Die fernen Glocken schlugen um Mitternacht gleichsam in das fortsummende Geläute der alten Ewigkeit. Ich ging still durch kleine Dörfer hindurch und nahe an ihren äußeren Kirchhöfen vorbei, auf denen morsche herausgeworfene Sargbretter glimmten, indes die funkelnden Augen, die in ihnen gewesen waren, als graue Asche stäubten.«

Mit Siegfried hatte ich einen Wegbegleiter gefunden, der die gleichen Interessen hatte und das gleiche Mitteilungsbedürfnis. Immer hatte ich einen solchen Freund vermisst. So kam etwas mir bisher Fremdes ins Spiel, das mich gewöhnlich misstrauisch machte: Nähe. Alles, was in uns nach Ausdruck suchte, kam zur Sprache. Wir erzählten uns wechselseitig, bis in Einzelheiten, beim Spazierengehen unsere Lebensgeschichten, waren dabei rückhaltlos offen. Wir suchten zu begreifen, was mit uns geschehen war, wobei keiner das Gefühl hatte, sich eine Blöße zu geben. Freilich war Siegfried, der eine jäh zerrissene Kindheit und Jugend mit sich trug, viel erfahrener, wilder und triebhafter als ich, in mancher Weise auch kühner und widerständiger. Das Theater, so wie es uns entgegentrat, stieß – da waren wir uns in Hochmut einig – die wahren Talente, statt sie zu fördern, von sich.

Siegfrieds Mutter war, wie er erzählte, eine jüdische Solo-Tänzerin aus dem Sudetenland, sein Vater ein halbjüdischer österreichischer Schauspieler gewesen, der sich bald nach dem Einmarsch der deutschen Wehrmacht aus Wien in die Schweiz absetzte, während die Mutter in das Lager Theresienstadt deportiert wurde, aus welchem sie nach Kriegsende verstört und eigentlich zerstört zurückkam, eine nurmehr Abwesende, dauernd Leidende, die zeitweise in Heimen lebte und den Sohn nicht mehr sehen wollte.

Siegfried wurde als kleines Kind ohne Eltern nach Palästina verschickt und so gerettet. Er lebte dort keineswegs unglücklich, wie er beteuerte, vielmehr manches vorzeitig lernend und lesend, in einem Kibbuz und wäre nicht ungern für immer im Land der Juden geblieben. 1947 per Schiff nach Wien zurückgesandt, in eine ihm völlig fremde Umgebung, nahm sich eine Freundin seiner Mutter, eine aus dem Exil zurückgekehrte jüdisch-kommunistische Schauspielerin, die ihn bald auch adoptierte, seiner an. Er besuchte ein armes katholisches Internat, dessen Erziehungsrituale (Beten und Arbeiten, Schläge und Essensentzug beim geringsten Vergehen) er verabscheute, und setzte sich von dort mit fünfzehn nach Landau in der Pfalz ab, um der Fremdenlegion beizutreten. Als man ihn aber nur Toiletten putzen und Fußböden schrubben ließ, lief er auch dort weg. Im Gefolge von Landstreichern geriet er schließlich in einen verfallenen Bunker bei Düsseldorf, wo er von der Polizei aufgegriffen und seinem Vater übergeben wurde, der ihn ablehnte. Der Vater war längst wieder aus der Schweiz zurück und am Wiener Burgtheater engagiert, wo er gerade den Götz von Berlichingen spielte. Siegfried verachtete und hasste den Vater, der sein Judentum verleugnet, der ihn und die Mutter in der tiefsten Not verlassen hatte, und wurde von der neuen Frau des Vaters verführt. Als der Vater dahinter kam, schlug er den ungeliebten Sohn zusammen und warf ihn aus dem Haus.

Der fiel durchs Abitur und besuchte anschließend in Wien die Schauspielschule, das Max Reinhardt-Seminar, aus dem er ebenfalls rausflog, so dass er gezwungen war, bei einem steinalten Burgschauspieler Privatunterricht zu nehmen. Weshalb er ausgerechnet den Beruf des verhassten Vaters ergriff, der ihn einst nach dem gehörnten Siegfried in Friedrich Hebbels »Nibelungen«-Trilogie getauft hatte, vermochte er nicht zu erklären. 1961 trat er sein erstes Engagement am Städtebund-Theater in Hof an, in der Langeweile der Provinz. Er machte einer Garderobiere ein Kind und zog nach Nürnberg weiter, wo er am Staatstheater die großen Liebhaberrollen mit einem gewissen Schneid spielte, der auffiel. Kurz bevor ich ihn in Wunsiedel kennen lernte, hatte er an den Münchner Kammerspielen in der Rolle des Andri in Max Frischs »Andorra« brilliert. Eine Karriere als Outsider konnte beginnen, ja sie war bereits auf einem guten Weg. Siegfried war die ideale Verkörperung dieses Andri, der das Kainsmal, »anders als die anderen« zu sein, annimmt und sich zu ihm bekennt mit dem Trotz und dem Hochmut eines tragischen Bühnenhelden.

Auch unter den Schauspielern war und blieb er ein mit Argwohn betrachteter Außenseiter, obwohl sie ihn eigentlich, anders als mich, seiner schauspielerischen Leistungen oder zumindest seiner Erfolge als Romeo oder Mortimer wegen hätten anerkennen und in ihren Dunstkreis aufnehmen müssen. Er war in vielem ein typischer Schauspieler, kein Unruhestifter wie ich, jedoch leicht erregbar und sehr körperlich orientiert, ein Freund der Frauen und der Berge und trotz seiner schlimmen Erfahrungen eine Art Gipfelstürmer. Doch er trank keinen Tropfen Alkohol, rauchte nicht und mied beharrlich die Kneipe und ihren Stallgeruch. *Wer nicht trinkt, ist kein Mann!* lautete die Parole der Saufköpfe. Sie lästerten über Siegfried und seine seltsame Adoptivmutter, die zeitweise bei ihm wohnte und die düstere Aura der Fremden um sich hatte, und sie zeigten auf den kleinen Sohn der Garderobiere, die ebenfalls bei den Festspielen beschäftigt war, wie auf ein Beweisstück für imaginär viele uneheliche Kinder Siegfrieds. Wir nahmen den Jungen manchmal zum Schwimmen mit oder ruderten mit ihm über einen schwarzen See.

Ich sehe den Freund vor mir, den ich so lange nicht gesehen, von dem ich auch keine Nachricht mehr erhalten habe. Wahrscheinlich lebt er noch immer, sehr fern von mir und wohl auch vom Theater, als erfolgreicher Geschäftsmann oder pensionierter Militär in Israel, wohin er 1967 nach dem Sechstagekrieg zurückgekehrt ist und das für ihn Heimat bedeutete – schwarzhaarig damals und nun wie ich ergraut, von mittelgroßer, kräftiger Gestalt, mit edel geformter Stirn, schmaler, leicht gebogener Nase, buschigen Brauen und graublauem Blick. Schon lange kein Linker mehr, ein gläubiger Jude mit Kippa. Vielleicht auch im Osten, in Lodz, in Lemberg, in Czernowitz untergetaucht, wo seine Vorfahren herkamen. Ein Leuchten ging von ihm aus wie vom Bamberger Reiter, plötzliche Energie, mitreißende Kraft. Noch nie war ich einem Menschen mit so unruhig schweifenden Augen begegnet. Unvermutet sandte er flammende Blicke durch den Raum, die zugleich begeistert und gebrochen wirkten. Angst und Verlassenheit lagen darin, aber auch ein Trotzdem.

Er war damals, vermutlich belehrt durch seine Adoptivmutter, politisch wacher als ich, ein Erklärer und Aufklärer, den ich bewunderte; er hatte auch viel mehr und Schlimmeres erlebt. Hölderlins Satz im Programmheft der Festspiele, der Mensch sei ein Gott, wenn er träume, jedoch ein Bettler, wenn er nachdenke, dürfe von uns nicht ohne Widerspruch hingenommen werden, sagte Siegfried erregt. Wir müssten alle diese idealistischen Phrasen hinterfragen und in Brechts Manier umdrehen, so wie ich es mit dem »Götz« versucht hätte. Nur wer nachdenke, habe die Chance, ein Gott in der Welt zu sein, und nur ein so gewandelter Geist könne sie auch umgestalten. Ob es nicht schon als eine Art Glück zu werten sei, dass wir überhaupt noch lebten und diese Zeit gemeinsam erleben dürften, so Siegfried, diesen heißen Wunsiedeler Sommer zum Beispiel, der vor allem mir so viel Enttäuschendes, ja Schmerzhaftes gebracht habe, das uns jedoch zusammenschmiede und auf Umwegen auch stärker mache…

Ein Sommernachmittag im Jahr 2008. In der Maximilianstraße, dem Hotel »Kronprinz von Bayern«, in dem ich abgestiegen bin, gegenüber, ein breites dreistöckiges, ehemals vornehmes Eckhaus in verblichenen Grüntönen, mit hohen Sprossenfenstern. Über der Ladentür in Frakturschrift »Buchhandlung Heinrich Wunschheim«. Das Haus sah vor über vierzig Jahren schon ähnlich geheimnisvoll aus. Auch der eiserne Zeitungsständer mit der »Nationalzeitung« und der »Jungen Freiheit« neben der Tür war damals schon vorhanden; Siegfried hatte ihn einmal im Vorbeigehen umgestoßen. Ein alter Mann buchstabiert die Schlagzeilen, kriecht dann krumm und mühsam Schritt für Schritt die Eingangsstufen empor, drückt die abgegriffene Messingklinke, öffnet die verwitterte Tür, und die Ladenglocke klirrt. Ein muffiger, dämmriger Raum, von einer Theke in Hufeisenform begrenzt. Man benötige eine Taschenlampe, um bei Wunschheim überhaupt etwas zu erkennen, meint meine Wirtin.

Wie aufgemalt das grüne Eckhaus gegenüber, leicht verwischt, eine herbstliche Fata Morgana, wie aus einer ganz anderen, im Wasser versunkenen Welt. Es wirkt zugleich fremd und vertraut, fast scheint es im schrägen Licht ein wenig zu zittern. Sieht aus wie ein Abschied, ein Ende der Kindheit… In jedem zweiten Ort gibt es vermutlich so ein verwunschenes Haus, das nicht mehr in die Zeit passt, doch voller Geschichten ist, ein Haus, das mich anredet und mir nachwinkt mit grauen Vorhängen; in den Zimmern Kachelöfen und riesige Kleiderschränke, auf denen verstaubte Koffer liegen, in den Ehebetten aus Tannenholz eingesargt die letzten stummen Bewohner. Es riecht nach altem Papier und Schweiß, nach Mittagessen und Mottenpulver.

In dem grünen Haus gegenüber sind sämtliche Butzenscheiben geschlossen, als lebe dort seit langem niemand mehr, der aufräumt und sauber macht. Im Parterre der Buchladen, fast ohne Bücher, so scheint es, jedenfalls ohne Klassiker und Neuerscheinungen, auch ohne die üblichen Bestseller in den vier Schaufenstern. Zugleich ein vorgestriger Schreibwarenladen aus der Tintenglas- und Schreibfederzeit: Schnittmuster, Malbücher, Buntstifte, Film- und Modezeitschriften aus den fünfziger Jahren im Angebot, sogar Ankleidepuppen zum Ausschneiden wie in meiner Nachkriegskindheit, längst vergessene Märchenbücher (»Die Wurzelkinder«, »Die Heinzelmännchen«, »Im Lande der Wichtel«), vergilbte Schulhefte, Umschläge aus Wachstuch, »Deutsche Städte und Landschaften in Bildern«, Volkslied-Sammlungen, Wanderlieder mit Noten, ein »Pflanzenführer in Farbe«, Wanderkarten durchs Fichtelgebirge, Glanz- und Seidenpapier, ein Buch über Wunder, Papierschlangen, Konfetti, ein Kompass, Pelikan-Federhalter, Schießgummis…

»Des alten Heinz Wunschheim Gedankenwelt« füllt ein ganzes

Schaufenster. Dort hat der Besitzer sein Reifezeugnis ausgestellt, dazu eigene, ehrwürdig gereimte Gedichte und das Manuskript seiner »Erinnerungen« aufgeschlagen. Sodann Heimatbroschüren, oberfränkische Dialektpoesie, »Mein Egerland«, Impressionen zu Johann Sebastian Bach, ein paar schmale Hefte über »die geliebte Stadt Jean Pauls«, alles vermutlich von Wunschheim selbst verfasst. Auch sein Porträtfoto hat er beigelegt, das Schwarzweiß-Bild eines alten Mannes, Jahrgang 1920, leidend, wissend. Schon sein Vater war, wie einem Begleittext zu entnehmen ist, ein von der Welt enttäuschter Buchhändler vor Ort. Ein Satz ist hervorgehoben wie eine schmerzende Botschaft: *Ich habe mich nicht geändert, aber wie furchtbar die Zeit.* Und dies Land erst, Deutschland, mein Vaterland, die Einheimischen und die deutsche Kultur – vom Nibelungenlied über Ulrich von Hutten bis zu Ernst Jünger und Martin Heidegger fraglos dem Untergang geweiht, der Affenmusik, den Buschtrommeln der Moderne ausgesetzt… Bemerkt das denn niemand, diesen herben Verlust, will keiner mir zuhören in dieser wachsenden Wüste? Er hockt wie die Spinne im düsteren Hinterzimmer seiner Buchhandlung, unter der Sparlampe – Wunschheim, der einsame Wächter, ausharrend im Staub der Bücher und Zeiten, über seine vergilbten Schriften gebeugt, die wohl nie einen Verleger fanden und finden, ein Vergrößerungsglas vor den Augen, eine Uhrmacherlupe. Vor der Ladentür draußen, im Weltgebäude, nur grober Lärm und Lässigkeit, Niedertracht, Geistesverrat. Spielt nicht ein feines Lächeln um Heinz Wunschheims Mundwinkel, als wüsste er am Ende doch um einen Ausweg für uns, wenn wir ihm nur zu folgen bereit wären…

X

Verloren, murmelte ich immerzu vor mich hin, verraten, verladen, gnadenlos aus und vorbei und nichts mehr zu retten. Zwei gleichzeitig eintreffende Briefe – ein kurzer, verwirrter von Ulla und ein etwas längerer, wohl kalkulierter von Ullas Mutter – bestätigten mir die Trennung mit letzter Deutlichkeit. Beide versuchten mir die Rolle des Mitschuldigen, wenn nicht gar die des Hauptverantwortlichen zuzuschieben, indem sie an Formfehlern Anstoß nahmen (»Was für ein Wort!«), mein Pathos tadelten, meine Unbedingtheit verurteilten und den Briefdiebstahl des Herrn X verharmlosten. Doch die Trennung, so Ullas Mutter, sei nun endgültig vollzogen. Ich möge ihrer Tochter keine Briefe mehr schicken und auch bitte keine dramatische Aussprache suchen, ermahnte sie mich, sondern bleiben, wo ich gerade sei, und erst einmal schweigen. Ulla müsse jetzt Ruhe finden (vor mir), um wieder zu sich selbst zu kommen.

Ich war zu tief verletzt, um still zu halten. Mir war die Zeit aus den Gleisen gelaufen und mein Leben auch. Ich griff symbolisch zur Axt und richtete sie gegen mich selbst, ich hackte mir die schmerzenden Glieder ab. Ich wollte Ulla nie mehr sehen und versuchte, ihr Bild in mir zu zerstören. In Gedanken schor ich der Wimmernden den Kopf kahl und peitschte sie aus, schlug ihr eine Hand, einen Fuß ab, schnitt ihr zuletzt die Kehle durch. Trieb der immer kühl lächelnden Mutter eine rostige Eisenstange in den Leib, entzündete das Haus am Professorenweg mit seinen Teppichen, Familienbildern und Büchern, eine Fackel, die weit hinaus ins Rheintal loderte.

Ich wollte Wunsiedel lieber heute als morgen hinter mir lassen. Ich wollte die an diesem düsteren Ort scheinbar nutzlos verbrachten Tage, Wochen, Monate vergessen, lauter beschämende Niederlagen, eine ruinöser als die andere, und das mir feindlich gesonnene Nest nie wieder betreten. Ich wollte auch Heidelberg, die Heimatstadt, als Gescheiterter nicht mehr sehen, sondern mich irgendwo in der Fremde anonym verkriechen. Ich verfluchte den groben Festspiel-Ort, die hügelige Bauernlandschaft, verdammte die Menschen und besonders die Theatermenschen. Ich behauptete, für niemand auf der Welt von irgendeiner Bedeutung zu sein, und bedauerte mich selbst. Ich fühlte mich wie der Junge, der beim Fußballspielen nicht recht mitmachen darf. Auf jedem zweiten Spielfeld entdeckte ich so einen Eckensteher. Unsicher und ohne Orientierung ist er allen nur im Weg, auch und gerade den eigenen Leuten. Sie schubsen ihn beiseite, brüllen ihn bei jedem kleinen Fehler an, bis er sich gar nichts mehr zutraut, oder sie spielen einfach an ihm vorbei, dribbeln um ihn herum, als wäre er überhaupt nicht vorhanden. Sie dulden ihn nur auf dem Platz, weil ihm der fast neue braune Lederfußball gehört, ohne den sie nicht weiterspielen könnten.

Nachts lange ohne Schlaf. Bedenke ständig, wie tief mich Ulla gekränkt hat, vor allem dadurch, dass sie sich im entscheidenden Moment vor Herrn X und gegen mich gestellt, mich verraten und am Ende sogar die dominante Mutter vorgeschickt hat. Ich sehe Ulla vor mir, ihren starren, dann wieder flackernden, dann scheuen Blick unter den dichten Stirnfransen hervor. Ihre vogelleichte Umarmung, ihre Katzen-Verspieltheit. Ihre Unsicherheit in fast allen Lebenslagen, die in einem eigentümlichen Widerspruch zu ihrer Hellsichtigkeit in der Beurteilung von Menschen stand; eine genaue Beobachterin. Ihre unregelmäßige und fehlerreiche Schrift, ihr infantiles Lispeln, ihre Unersättlichkeit im Bett. Ihr weinroter Mantel, ihre elegante schwarze Handtasche. Ihr ironischer Tonfall, ihr besorgter Tonfall; ihre Gedankenstriche, die Stofftiere; ihre Briefe, die ich zerriss... Eine Straße in der Innenstadt von Heidelberg, es ist Nacht, und sie fährt in einem roten Fiat dicht an mir vorbei, ohne mich zu bemerken, an ihrer Seite Herr X, ein steifer Anzugträger. Ich folge ihr auf dem Fahrrad, sehe, wie sie das Auto vor dem »Europäischen Hof« parkt. Ich will die Autotür öffnen, sie klemmt oder wird von innen blockiert, doch Herr X öffnet sie im Aussteigen spielend. Niemand will meine Dienste als Gepäckträger oder Parkwächter annehmen. Ich bin der Racheengel, rufe ich laut. Mein Verzweiflungspathos wird belächelt, und man schreitet Arm in Arm an mir vorüber in die Hotelhalle, wo Ullas Mutter schon wartet, ohne mich eines Blicks zu würdigen.

Etwas mehr als ein halbes Jahr nach unserer Trennung erhielt ich von Ulla einen Brief in einem grünen Kuvert, in welchem sie ihren Wunsch ausdrückte, mit mir wieder in ein Gespräch zu kommen. Sie habe mich lange aus der Ferne beobachtet, es aber aus Angst, zurückgewiesen zu werden, nicht gewagt, mich anzusprechen. Und sie wolle mir mit diesen Zeilen nur signalisieren, dass ihr Interesse an mir, ob ich es nun glaube oder nicht, nie aufgehört habe.

Drei Jahre später – ich hatte auf ihren Brief nicht geantwortet – begegneten wir uns zufällig in München, an den Schaukästen vor den Kammerspielen, die mich noch immer anzogen, und ich begleitete sie nach einigem Zögern in ihre kleine Schwabinger Dachwohnung. Die Räume waren in das für Ulla so bezeichnende Halbdunkel getaucht, und es standen dieselben Möbel und Stofftiere da, wie damals am Professorenweg. Sie schüttelte ihr blondes Haar und lächelte mir geheimnisvoll zu, als hätte es zwischen uns nie eine Entzweiung gegeben, und als das Telefon läutete, nahm sie es wie früher nicht ab. Ich war sehr revolutionär gestimmt und schwärmte von der freien Liebe und der Kommune-Idee, während sie frühen ökologischen Gedanken anhing und sich allseits von vergifteten Nahrungsmitteln, schädlichen Erdstrahlen und Wasseradern bedroht fühlte, was ich nicht recht verstand. Sie hatte just an diesem Tag, an dem wir uns wieder trafen, Geburtstag, doch niemand schien eingeladen zu sein, und sie machte auf mich einen verzweifelt einsamen Eindruck, soweit ich das in meinem revolutionären Überschwang überhaupt wahrnehmen konnte.

Ein letztes Mal begegneten wir uns, wiederum zufällig, im Frühjahr 1982 in Baden-Baden, in der üppig blühenden Lichtentaler Allee, nahe den Tennisplätzen. Sie wirkte leicht abgehoben wie immer, so als schwebte sie einige Zentimeter über dem Boden, und war allein unterwegs, ich hatte meine Frau und meine beiden, damals noch kleinen Kinder dabei. Ulla nahm die Sonnenbrille ab und sah mich ein paar Sekunden lang starr und fassungslos an, als hätte sie mir etwas so Bürgerliches wie eine Kleinfamilie niemals zugetraut. Vermutlich war ich in ihren Augen ein Verräter an der einst so lautstark propagierten Kommune-Idee. Auch Neid könnte im Spiel gewesen sein.

Denn Ulla war, wie ich viel später von ihrer Schwester erfuhr, notorisch erfolglos, so gut wie nichts gelang ihr. Sobald sich eine Liebesbeziehung anbahnte, griff die Mutter ein und hintertrieb sie. Sie organisierte auch zwei Abtreibungen. Vielleicht hätte Ulla ja ein Kind aus der Selbstzerstörung herausgeholfen. Auch eine überstürzt geschlossene Ehe mit einem viel jüngeren Algerier scheiterte. Er bekam Autos und eine Wohnung von ihr geschenkt, aber er passte nicht zu ihr, er verstand sie nicht und betrog sie, so die Schwester. An der Universität wuchsen die Schwierigkeiten, sie konnte ihre Referate nicht rechtzeitig, vor allem nicht in der verlangten Form fertigstellen und wurde zum Staatsexamen nicht zugelassen. Schließlich wurde sie Auslandkorrespondentin, ein Beruf, den sie nur kurze Zeit unwillig ausübte. Ulla war nie zur Arbeit gezwungen, da Geld in Gestalt des väterlichen Erbes immer ausreichend vorhanden war.

Zuletzt, als Folge und Höhepunkt all des Unglücks, das sie traf und das sie fast klaglos hinnahm, erkrankte sie an Schilddrüsenkrebs, der rasch voranschritt. Die Metastasen wucherten in die Lymphgefäße aus, ihr Hals schwoll an, die Schmerzen wurden trotz Morphium unerträglich. Sie konnte nicht mehr sprechen. Im November 1993 starb Ulla, ohne dass ich etwas davon ahnte, nicht weit von mir entfernt, in Karlsruhe, erst 54 Jahre alt. Ihre greise Mutter war aus Baden-Baden herbeigeeilt und harrte die letzten 48 Stunden am Bett der Todkranken, schon Bewusstlosen aus. Doch erst als die Mutter einmal kurz das Zimmer verließ, konnte sie sterben.

In Ullas Nachlass befanden sich, so die Schwester, keine Briefe, auch die meinen aus Wunsiedel nicht. Verschwunden blieben auch ihre Tagebücher, Foto-Alben, Aquarelle und Zeichnungen, ebenso ihre Referate und Vorlesungs-Skripte. Nahezu alle Lebensspuren schien sie selbst ausgelöscht zu haben. Es gab keine Trauerfeier. Eine Todesanzeige las ich nicht. Ihre Asche wurde in einem anonymen Grab beigesetzt.

Im Traum wieder die Kohlenmänner, die früher, zur Kriegs- und Nachkriegszeit, die groben Jutesäcke auf den Schultern schleppten, sommers im ärmellosen Unterhemd, häufig ein speckiges Stück Leder über dem Rücken, um den Druck der Lasten zu mindern. Ihre Gesichter waren vom Kohlenstaub geschwärzt und vom Schweiß verschmiert, nur das Weiß der Augen und der Zähne leuchtete aus ihnen hervor – Schreckfiguren des Kindes wie der allgegenwärtige Kohlenklau, der drohend von Litfaß-Säulen herab und aus Schaufenstern heraus schaute. Meist waren es stämmige Proletarier aus der Bahnhofstraße, umweht von Ruß und Schweißgeruch, ich beneidete sie um ihr staubiges schwarzes Höllenleben, das mir – ich ahnte es früh – erspart bleiben würde. Selbst mitten im Sommer luden sie sich die zentnerschweren Säcke vom Pferdefuhrwerk auf den Rücken und schleppten sie die enge Kellertreppe hinab, um sie in einem finsteren Loch abzuwerfen, sofern es vorm Haus keine Kohlenrutsche gab. Der Staub zog hinter ihnen her wie Rauch, wie winzige Sommerfliegen, wie der Dampf aus Lokomotiven umgab er sie, er steckte in ihren Hautfalten, ihren Haaren und Kleidern, ihren Organen, er trat aus ihnen hervor, wenn sie husteten, fluchten oder »Jawoll!« riefen, und ließ sich nicht mehr abwaschen, er hatte sie für immer gezeichnet. Sie lebten wie Aussätzige in Hinterhöfen zwischen rußigen Büschen und Hasenställen, sie schnarchten in irgendwelchen Verschlägen, an denen ich mit angehaltenem Atem vorbeihuschte, wenn ich als Schüler früh morgens die Lokalzeitung austrug. Keiner außer den Totengräbern, den Müllmännern und den Straßenkehrern duldete sie in der Nähe.

Mein vorletzter Arbeitstag im Wunsiedeler Sommertheater. Gerade hat Klaus, mein Mitbewohner im Dachgeschoß der Familie Seifert, das Haus verlassen. Ich schaue ihm aus dem Küchenfenster nach, wie er zum letzten Mal den sonnigen Schönlinder Weg abwärts geht, in der einen Hand einen mächtigen Koffer, den er nur mit meiner Hilfe zubekam, in der anderen einen Tauchsieder, der im Koffer keinen Platz mehr fand, in ein weißes Handtuch eingewickelt. Er dreht sich noch einmal um, lang und schlaksig, er winkt mir mit dem Tauchsieder, nun geht er über die Bahngleise, und schon ist er hinter dem Wärterhäuschen Richtung Bahnhof verschwunden, mit ihm sein Schatten. Nicht aufzuhalten, schon verloren für mich, schon zur Erinnerung geworden.

Klaus hat mir zum Abschied Ferdinand Raimunds »Gesammelte Werke« geschenkt, ein Lieblingsbuch mit seinen Wiener Lieblingsrollen, erschienen im Bertelsmann Lesering, ich gab ihm dafür mein mit vielen Randbemerkungen versehenes Exemplar der »Flegeljahre«. Nun bin ich ganz allein unterm Dach, in Selbstgespräche verstrickt. So hell das Mittagslicht in den kahlen Räumen, als wäre auch ich bereits abgereist. Ich muss den Tag um mich her Stück für Stück neu aufbauen und den Ort festschreiben, den Fußboden aus braunem Linoleum, die geblümte Tapete, die rissige Fensterbank, den Sommer draußen, den Rosen- und Lindenduft, Klaus mit seinem Koffer fluchend im Treppenhaus, ein Sägegeräusch. Und vor allem mich selbst, den Unbekannten. Die Straße ist leer. Ich muss die Zeit, wie sie gerade verweht, anhalten mit Papier und Kuli, so einfach könnte es sein. Der Asphalt glänzt, eine Kirchenglocke bimmelt hell zu Mittag durch all die Jahre, ein Zug pfeift. War es nicht so? War es anders, und wie? Vom Krankenhaus her frommer Gesang und Hundebellen. Gleich darauf holpert die Bahn nach Holenbrunn und Marktredwitz am Haus vorbei. Klaus am offenen Fenster, mir mit dem Tauchsieder winkend, ich ihm mit einem Buch oder einer Zeitung, vom Südfenster aus. Sein schwermütiges Wiener Kasperlgesicht mit dem Stoppelhaar und der etwas schiefen Nase ist für einen allerletzten Moment sichtbar. Wie jung er aussieht, nicht älter als zweiundzwanzig. Ein Raimundspieler, ein philosophischer Nestroymime auf der Heimfahrt nach Wien, für immer auf und davon aus meinem Leben.

Ich würde es äußerst schwer haben, am Theater zu reüssieren, so der Intendant beim eher zufälligen Abschiedstreffen auf der Luisenburg, zwischen Tür und Angel, schmallippig, in einem hohen, frostigen Ton. Ich hätte bisweilen eine Direktheit, die meine Gesprächspartner sprachlos, ja impotent mache, obwohl mir das vielleicht gar nicht bewusst sei. Und fragte dann spitz und gezielt, *ob ich denn unbedingt zum Theater müsse...* Presse und Verlage suchten doch solche schreib- und redefähigen Literaten wie mich, solche Kritiker von allem und jedem... Doch er bezweifle bei mir die innere Notwendigkeit, zum Theater zu müssen. Zur Zeitung ja, zum Rundfunk auch, als Lektor zu einem Verlag, aber nicht zum Theater, das nun mal, so der Intendant, Vitalität, Phantasie und vor allem ein Talent zur Menschenführung verlange, dazu eine gewisse Bescheidenheit, Freundlichkeit, Hilfsbereitschaft – all dies jedoch fehle mir gänzlich. Man müsse mit Haut und Haaren ein Theater- und folglich ein Kollektivmensch sein, fuhr er fort, zu jeder Zeit entschlossen, den Bretterboden der Bühne auf den Knien zu schrubben und mit seinem Schweiß zu tränken, im Interesse aller, doch dazu sei ich offenkundig weder fähig noch bereit. Ich sei in seinen Augen vielmehr ein Einzelgänger und Unruhestifter, sagte er blinzelnd, ein Störenfried, wie das gute Wort heiße, der seine Mitmenschen und Kollegen mit scheelem Blick beobachte und sich Notizen über sie mache. Dazu einer, der das Theater pausenlos schmähe und die Theatermacher pauschal als Nichtskönner beschimpfe und als Reaktionäre denunziere. Er, der Intendant, könne sich jedenfalls keinen Bühnenleiter und erst recht keinen Regisseur vorstellen, der künftig aus freien Stücken mit mir zusammenarbeiten würde...

Bei diesen Worten fing ich unwillkürlich zu weinen an, schon zum dritten Mal kamen mir in Wunsiedel echte Tränen, in so kurzem Abstand und vorher jahrelang keine. *Wunsiedel*, dachte ich, Ort der Schmerzen! Mein Unterkiefer zuckte wie bei einem wimmernden Kleinkind. Die Abschiedssätze des Intendanten, mit Bedacht gewählt, wirkten auf für mich wie ein Todesurteil, sie bedeuteten zumindest den harschen Abbruch meiner Bühnenlaufbahn, bevor sie richtig begonnen hatte, und waren eine rüde Kränkung, eine Erniedrigung (auch wenn ich im Abstand von

vierzig und mehr Jahren dazu neige, dem Urteil des alten Intendanten über den anmaßenden jungen Mann zuzustimmen).
Verzweifelt stürzte ich aus dem Theaterhaus und rannte am Spalier
der Fichten und Felsen entlang bergab. Nur weg, dachte ich, nur
allein sein! Es war bereits Nacht unter der Himmelsglocke, die
Gestirne drehten sich und die Sternschnuppen regneten in die
Getreidefelder. Ich achtete nicht weiter auf diese Unglücksboten,
die mich verfolgten, sondern eilte durch den schlafenden Ort bis
in mein Dachzimmer, wo ich mich im Bett verkroch, die Decke
über den Augen; und die Phantasie blies im Dunkeln den Staub
der Toten auf. Alle hatten sich gegen mich verschworen, alle hatten mich allein gelassen, alle betrogen. Dies *Wunsiedel Wonnsiedel
Wohnsiedel Waldsiedel Wundsiedel* war eine einzige Täuschung und
eine Niedertracht.

Vielleicht fehlte es mir ja wirklich am so genannten Theater-
drang... Vielleicht wollte ich gar nicht lebenslänglich unter der
Erde wirken, dachte ich, ein Maulwurf im Felsbereich der Luisenburg, in überheizten Probenräumen, bei künstlichem Licht und
schlechter Luft, unter dem Kommando ebenso eitler wie inkom-
petenter Regisseure, die besonders sich selbst verwirklichen wollten, meist zu Lasten der Autoren und ihrer Stücke. Vielleicht
konnte ich auch die Menschen nur aus einer gewissen Distanz
gerecht wahrnehmen, ertragen und mit ihnen etwas gestalten,
nicht atemnah und animalisch; als Einzelne, nicht als Meute...
Sie sollten mir möglichst vom Leib bleiben mit ihrem Gerede,
Gezappel und Gebrüll, ihrer Brunst und ihrer Spucke, ihren
halben Lügen und ihren Ansprüchen, dachte ich. Vielleicht war
die Bühne ja doch nicht mein Spielplatz und der Theaterrock für
mich Eigenständigen eher eine Zwangsjacke... An diesem geistig
so bescheidenen, oberflächlichen, ja oft abstoßenden Ort des
Scheins würde ich – das war mir im Zustand der Verzweiflung
damals schon klar – ständig anecken und nichts erreichen, es al-

lenfalls zu einer Mittelmäßigkeit bringen, die ich verachtete und die in der Kunst auch keine Berechtigung hat.

17. August 1964: Mein letzter Tag in Wunsiedel, der allerletzte, hoffte ich. Es war noch früh am Morgen, ein Montag, Wochenanfang; erneuter Lebensbeginn, eine Art Auferstehung. Ich fieberte der Freiheit entgegen wie einer frischen Haut. Trat noch einmal zum Spiegel, fuhr mir mit den Fingern durchs Haar, summte ein Wanderlied vor mich hin; blickte ein letztes Mal aus dem Südfenster, hörte das Anschlagen der Bahnglocke vom Wärterhaus her. Als ich zu Siegfried ins Auto stieg – das Gepäck hatten wir tags zuvor in Marktredwitz aufgegeben – lagen Ort und Gebirge unter einer dichten Nebelmütze wie im November, und ich fror im Nieselregen. Die Landschaft hatte sich mit einer Tarnkappe unsichtbar gemacht. Ich kehrte mich noch einmal um und meinte Frau Seifert hinter dem Küchenfenster wahrzunehmen. Ich hatte darauf gehofft, sie würde mir zum Abschied mit dem himmelblauen Kopftuch winken, das sie fast immer trug, doch sie sah nur gleichmütig drein und lächelte, von weißem Dunst umweht, bevor sie verblasste, verschwand und mich vergaß, zurückblieb im Geruch von Streuselkuchen, frischer Wäsche und Bohnerwachs. Als Siegfried dann, am Galgenberg vorbei, in die Landstraße nach Bayreuth einbog, fühlte ich mich erlöst. Zehn Wochen vorüber. Nebelland war abgebrannt. Alles konnte nur besser werden.

Ein paar Stunden später herrschte in Nürnberg das reinste Hochsommerwetter. Die Luft war weich und mild und es roch nach zu Hause. Siegfried setzte mich in der Stadtmitte ab. Wir nahmen auf der Pegnitzbrücke mit einer leicht missglückten Umarmung Abschied, und er fuhr hupend und winkend aus meinem Leben davon. Ich war traurig wie nach jeder Trennung, vielleicht noch etwas trauriger, und doch froh, dem Nebel, dem Felsenknast, den so genannten Kollegen, dieser Provinzfalle endlich entronnen zu sein. Es entsteht eine Art von Heiterkeit, wenn einem die Flucht aus einer beengten Situation gelungen ist, fast ein Moment von Glück. Ich sah eine Großstadt, die auch etwas Heimeliges hatte, sah Straßenbahnen, Taxis, belebte breite Alleen, Kaufhäuser, Märkte, schöne Frauen, berühmte gotische Kirchen, Cafés; geöffnete Türen und Fenster und Scharen von Menschen im Gespräch; ein buntes Hurenghetto am Frauentor, das bereits zur Mittagszeit gut besucht war. Die Stimmen der Vorbeigehenden machten mir Mut. Leute wie dieser verkniffene Intendant mit seinen Schuldgefühlen, sagte ich mir, während ich von den Zinnen der Kaiserburg auf die ummauerte Stadt herabsah, können mir gar keine Angst machen, sie haben im Gegenteil Angst vor mir und meiner Jugend und ebenso vor Siegfried, vor unserer Wahrheitssuche auch und gerade im Theater, von unserer Fähigkeit, die alten Stücke gegen den Strich zu bürsten, vor unserem Lebenshunger, der aus früher Einsamkeit kommt.

Ich fand ein helles Zimmer in einer kleinen Pension, die Siegfried, der eine Spielzeit lang in Nürnberg engagiert war, mir empfohlen hatte, und machte mich dann zum St. Johannis-Friedhof auf, der im Westen der Stadt, außerhalb des historischen Mauerrings liegt. Schon beim Eintreten sieht man nur ruhende Grabblöcke aus fleckigem Sandstein in einheitlicher Ausrichtung und Gestalt. Hier wenigstens soll keiner den Nachbarn übertrumpfen. Im Tod sind alle gleich, selbst die Pest- und Lepraopfer dort an der Mauer. Und die Selbstmörder, die Ungetauften auch? Gegossene Erztafeln zeigen in verschlungenen Ornamenten Namen, Beruf und Wappen der Begrabenen an, unter ihnen – so verspricht es eine Liste am Eingang – berühmte Nürnberger wie Albrecht Dürer und der mit ihm befreundete Humanist Willibald Pirckheimer, die Bildhauer Adam Kraft und Veit Stoß, der Meistersänger Hans Sachs und der Begründer des »Pegnesischen

Blumenordens«, der Dichter Georg Philipp Harsdörffer. Auch der ständig unglückliche Maler antiker Heroen und mir so nahe Muttersohn Anselm Feuerbach, dessen Grab sein Jugendporträt im Tondo schmückt, war anwesend.

Der Friedhof lag, als ich eintrat, im grellen Sonnenlicht und wirkte auf einen, der nach Monaten aus Wunsiedel zurückkam, ganz unwirklich. Nur hier und da einzelne Schatten spendende Laubbäume. Inmitten des Gräberfelds die gotische St. Johanniskirche mit ihrer ochsenblut-roten Fassade. Auf fast allen Grabstätten standen Schalen mit roten und gelben Geranien. Der feine Sand zwischen den Gräbern war noch feucht von der Nacht oder weil jemand die Rosenstöcke gegossen hatte, die sämtlich in Blüte standen. Ich hatte meine Sandalen ausgezogen und hinterließ meine Fußspuren im Sand, während ich ziellos an den Grabplatten entlang ging, die schwer auf den Toten lasteten, bis ich vor Hans Sachs' Ruheplatz inne hielt. Liegst du auch wirklich hier, fragte ich, zünftiger Schuhmacher und Poet, *deine* Gebeine, oder nicht doch, wie manchmal zu hören ist, die eines gleichnamigen unbedeutenden Zuckerbäckers? Wurden deine Überbleibsel von Achtlosen nicht längst überall hin verstreut… Hans Sachs, ein Witwer, der seine sieben Kinder überleben musste und 1576 mit 81 Jahren starb. Er wurde auch »Hans Rosengart« genannt und ist nun in einem duftenden Rosengarten beerdigt, so hoffte ich. Er wusste wohl darüber Bescheid, dass das Schreiben poetischer Texte etwa ähnlich viel Wissen und Geschick verlangt wie das Herstellen solider Schuhe und hielt in Demut an den überlieferten Handwerks-Techniken und den zu erlernenden Formen der Dichtung fest. Von freier Erfindung, Imagination gar, wollte er nichts wissen. Er verfasste neben Meisterliedern auch Fastnachtsspiele und 1523 das berühmte Gedicht »Die Wittenbergisch Nachtigall, / Die man jetzt höret überall«, in dem er Luthers Lob sang. Enorm fleißig im Schustern wie im Schreiben, hinterließ er über 6000 Werke (Spruchgedichte, Schwänke, Prosadialoge), ein schier endloses Wortgespinst.

Während sich der robuste Schusterpoet an die vorgegebenen Regeln des Meistersangs hielt, auch Wiederholungsformeln nicht scheute, zeigt sich Richard Wagners Hans Sachs für Neues durchaus empfänglich, er regt konkurrierende Poeten sogar, als Romantiker, zu einem Bruch mit den Regeln und zur Erfindung bislang nie gehörter Töne an. »Es klang so alt, und war doch so neu, / Wie Vogelsang im süßen Mai!« Wagners Hans Sachs ist ein Einsamer, schwermütig Entsagender, der auf die junge Eva Pogner verzichtet und Walter von Stolzing, wenn auch nicht ohne Klage, den Vortritt lässt: »Doch des Herzens süß' Beschwer / Galt es zu bezwingen« – den Schusterhammer schwingend, Traumverse reimend und Meisterlieder auf neue, bewegende Weise singend: »Der Flieder war's – Johannisnacht! / Nun aber kam Johannistag!«

Ich sitze auf einer Friedhofsbank, Ende August, ab und zu etwas in mein blaues Notizbuch schreibend, von Trauermänteln und schwarzen Hummeln umschwirrt. Libellen; schillernde Käfer, gelbes Blütengewölk. Duft der verblühenden Rosen und Geranien. Der Vogelgesang ist schon vor Wochen verstummt. Im leichten Wind zittern die Birkenblätter, sie rascheln, sieden. Ein Flugzeug mit einem Reklameband, kaum sichtbar im verschleierten, zum Horizont hin fast milchigen Himmelsblau. Die wilden Äpfel, gelbgrün, die Sonnenblumen vertrocknen. Zwei Alte schleichen in Zeitlupe vorüber mit einem Hund, einem ergrauten Mischling mit räudigem Fell, der nicht weiter will oder kann und hechelnd vor mir stehen bleibt. Und der Mann beugt sich ganz langsam herunter und schiebt den Hund von hinten ein wenig an, unter Schmerzen, er schubst ihn immer wieder vergeblich, nimmt ihn schließlich wie ein kleines Kind auf den Arm. Nennt ihn Tom. Sehen sich ähnlich, die beiden Alten und der Hund.

Alle drei nahezu blind; Staub auf den Wimpern. Schütteres Haar, Wärme auf Gesicht und Händen, Altersflecken; Geschwüre im Fell des Hundes. Ich belausche die Dinge, die vielen Einzelheiten ziehen mich an. Stärkeres Blätterrauschen, den schartigen Herbstgeräuschen entgegen. Die Wolkentiere, die Wiesen, die Stoppelfelder. Hier sitzen bleiben fortan, im grünen Wuchern des Lichts, und mich nicht mehr regen, nur schauen und aufgehen in allem, was da ist – im Schwarz der reifen Holunderbeeren und im schwarzen Federkleid der sie pflückenden Amseln. Ein Buntspecht klopft den Takt, ein Eichhörnchen scharrt unterm Efeu nach einer Nuss. Wörter erscheinen, Wörter aus Wörtern. Der abnehmende Mond (Sichel, Stiergehörn) schon gegen Mittag blass im Westen. Sieht wie ein Daumennagel aus, dünn geschliffen.

Michael Buselmeier, geboren 1938 in Berlin, aufgewachsen in Heidelberg. Ausbildung als Schauspieler, Regieassistent u.a. am Staatstheater Wiesbaden bei Hansgünther Heyme. Studium der Germanistik und Kunstgeschichte, Lehrtätigkeit an verschiedenen Hochschulen. Zahlreiche Lyrik- und Prosaveröffentlichungen und Herausgaben. Publizistische Arbeiten für den Rundfunk und überregionale Zeitschriften. Literarischer Stadtführer. Seit 1995 Herausgeber der »Edition Künstlerhaus«.

Thaddäus-Troll-Preis 1995, Pfalzpreis für Literatur 2000, Richard Benz-Medaille der Stadt Heidelberg 2004, Ben Witter Preis 2010.

Von Michael Buselmeier u.a. lieferbar:

Schoppe · Ein Landroman | *Spruchkammer* · Erzählungen
Die Rückkehr der Schwäne · Gedichte | *Erdunter* · Gedichte
Amsterdam. Leidseplein · Roman | *Ich rühm dich Heidelberg* ·
Poem in sechs Gesängen | *Ode an die Sportler – und andere
Gedichte* | *Lichtaxt* · Gedichte | *Literarische Führungen durch
Heidelberg* · Eine Stadtgeschichte im Gehen

www.wunderhorn.de